Einfache Griechisch Kurzgeschichten

Kurzgeschichten auf Griechisch für Anfänger

Adonis Demetriou

Inhalt

Einführung

Das Lesen in einer Fremdsprache ist eine der effektivsten Möglichkeiten, um die Sprachkenntnisse zu verbessern und den Wortschatz zu erweitern. Allerdings kann es manchmal schwierig sein, ansprechendes Lesematerial auf einem angemessenen Niveau zu finden, das Erfolgserlebnisse und ein Gefühl des Fortschritts vermittelt. Die meisten Bücher und Artikel, die für Muttersprachler geschrieben wurden, sind zu lang und schwer zu verstehen oder haben einen sehr hohen Wortschatz, so dass Sie sich überfordert fühlen und aufgeben. Wenn Ihnen diese Probleme bekannt vorkommen, dann ist dieses Buch genau das Richtige für Sie!

Einfache Griechisch Kurzgeschichten ist eine Sammlung von 25 unkonventionellen und unterhaltsamen Kurzgeschichten, die Anfängern und Mittelstufenschülern helfen sollen, ihre Sprachkenntnisse zu verbessern Griechisch.
Diese Kurzgeschichten schaffen eine förderliche Leseumgebung;

- Reichhaltiger sprachlicher Inhalt in verschiedenen Genres, um Sie zu unterhalten und Ihnen eine Vielzahl von Wortformen zu vermitteln.
- Kürzere Geschichten in Kapiteln, damit Sie die Freude haben, die Geschichten zu beenden und schnell voranzukommen.
- Texte, die auf Ihrem Niveau geschrieben sind, so dass sie leichter zu verstehen sind und Sie nicht überwältigen.
- Die deutsche Übersetzung befindet sich auf abwechselnden Seiten, so dass Sie beim Lesen

der Griechisch Geschichte direkt Zeile für Zeile
nachschlagen können.
- Die wichtigsten Vokabeln sind in der Geschichte und in
  der Übersetzung fett gedruckt, damit Sie unbekannte
  Wörter besser verstehen.
- Verständnisfragen, um zu prüfen, ob Sie die
  wichtigsten Ereignisse verstanden haben, und um Sie
  anzuregen, genauer zu lesen.

Egal, ob Sie Ihren Wortschatz erweitern, Ihr Verständnis
verbessern oder einfach nur zum Spaß lesen wollen,
dieses Buch ist der größte Schritt nach vorn, den Sie
in diesem Jahr in Ihrem Studium machen werden.
Dieses Buch gibt dir alle Unterstützung, die du brauchst.
Also lehnen Sie sich zurück, entspannen Sie sich und
lassen Sie Ihrer Fantasie freien Lauf, während Sie in
eine magische Welt voller Abenteuer, Geheimnisse und
Intrigen entführt werden - auf Griechisch!

Wie man dieses Buch benutzt

Lesen ist ein schwer zu beherrschendes Talent. Wir nutzen eine Reihe von Mikrofähigkeiten, um in unserer Muttersprache zu lesen. Zum Beispiel können wir einen Text überfliegen, um ein grobes Verständnis für den Inhalt zu bekommen. Oder wir durchforsten zahlreiche Seiten eines Zugfahrplans auf der Suche nach einer bestimmten Zeit oder einem bestimmten Ort. Während diese Mikrofertigkeiten beim Lesen in unserer Muttersprache zur zweiten Natur geworden sind, zeigen Untersuchungen, dass wir die meisten davon beim Lesen in einer Fremdsprache vergessen. Wenn wir eine Fremdsprache lernen, beginnen wir normalerweise am Anfang eines Textes und arbeiten uns durch ihn hindurch, wobei wir versuchen, jedes einzelne Wort zu verstehen. Dabei stoßen wir unweigerlich auf unbekannte oder komplexe Begriffe und ärgern uns, dass wir sie nicht verstehen können.

Einer der größten Vorteile des Lesens in einer Fremdsprache besteht darin, dass man eine große Anzahl von Redewendungen und Ausdrücken kennenlernt, die in Alltagssituationen verwendet werden. Extensives Lesen ist ein Begriff, der das Lesen zum Vergnügen beschreibt, um eine Sprache zu lernen. Es ist nicht mit dem Lesen eines Lehrbuchs zu vergleichen, bei dem Gespräche oder Texte langsam und aufmerksam gelesen werden sollen, um jedes Wort zu verstehen. "Intensives Lesen" bezieht sich auf das Lesen, um bestimmte Lernziele zu erreichen oder Aufgaben zu erfüllen.

Einfache Griechisch Kurzgeschichten bietet Ihnen die

Möglichkeit, mehr über den natürlichen Griechisch Sprachgebrauch zu erfahren, auch wenn Sie Ihre Reise zum Sprachenlernen vielleicht nur mit Lehrbüchern begonnen haben. Im Folgenden finden Sie einige Hinweise, die Sie beim Lesen der Geschichten in diesem Buch beachten sollten, um das Beste aus ihnen herauszuholen: Wenn es um das Lesen geht, sind Spaß und Erfolgserlebnisse entscheidend. Man kommt immer wieder zurück, weil man Spaß an dem hat, was man liest. Jede Geschichte von Anfang bis Ende zu lesen, ist die beste Methode, um das Lesen von Geschichten zu genießen und das Gefühl zu haben, etwas erreicht zu haben. Das Wichtigste ist also, zum Ende einer Geschichte zu gelangen. Das ist sogar noch wichtiger, als jedes einzelne Wort zu kennen.

Je mehr Sie lesen, desto mehr Wissen werden Sie erwerben. Wenn du größere Bücher zum Vergnügen liest, wirst du schnell wissen, wie Griechisch funktioniert. Denken Sie jedoch daran, dass Sie zuerst ein ausreichend großes Buch lesen müssen, um den vollen Nutzen aus einer umfangreichen Lektüre zu ziehen. Wenn Sie hier und da ein paar Seiten lesen, lernen Sie vielleicht ein paar neue Wörter, aber das wird keinen wesentlichen Unterschied in Ihrem Gesamtniveau von Griechisch machen.

Akzeptieren Sie die Tatsache, dass Sie nicht alles verstehen werden, was Sie in einem Roman lesen. Dies ist zweifellos der wichtigste Punkt! Denken Sie immer daran, dass es völlig in Ordnung ist, nicht alle Wörter oder Sätze zu verstehen. Das bedeutet nicht, dass Ihre Sprachkenntnisse unzureichend sind oder dass Sie eine schlechte Leistung erbringen. Es zeigt, dass Sie aktiv am Lernprozess beteiligt sind.

Leitfaden zum Lesen

Es ist am besten, wenn Sie für jedes Kapitel der Geschichten diesen einfachen sechsstufigen Leseprozess befolgen:

1. Lesen Sie den Titel des Kapitels. Überlegen Sie, worum es in der Geschichte gehen könnte. Lesen Sie dann die Geschichte ganz durch. Ihr Ziel ist es einfach, das Ende der Geschichte zu erreichen. Halten Sie also nicht an, um Wörter nachzuschlagen, und machen Sie sich keine Sorgen, wenn Sie etwas nicht verstehen. Versuchen Sie einfach, der Handlung zu folgen.

2. Wenn Sie das Ende der Geschichte erreicht haben, lesen Sie die deutsche Übersetzung durch, um zu sehen, ob Sie verstanden haben, was passiert ist, und nehmen Sie jeden Kontext auf, den Sie vielleicht verpasst haben.

3. Gehen Sie zurück und lesen Sie die gleiche Geschichte noch einmal. Wenn Sie möchten, können Sie sich mehr auf die Details der Geschichte konzentrieren als zuvor, aber ansonsten lesen Sie sie einfach noch einmal durch.

4. Gehen Sie anschließend die Verständnisfragen in Griechisch durch, um zu überprüfen, ob Sie die Schlüsselereignisse der Geschichte verstanden haben. Wenn Sie die Fragen nicht ganz verstehen, machen Sie sich keine Sorgen. Nutzen Sie Ihr Wissen, um so gut wie möglich zu antworten.

5. Zu diesem Zeitpunkt sollten Sie die wichtigsten Ereignisse des Kapitels einigermaßen verstanden haben. Falls nicht, sollten Sie das Kapitel einige Male anhand der Übersetzung lesen, um unbekannte Wörter und Sätze zu

überprüfen, bis Sie sich sicher fühlen.

Sobald Sie bereit sind und sicher sind, dass Sie verstanden haben, was passiert ist - egal, ob Sie die Geschichte einmal oder mehrmals gelesen haben - gehen Sie zur nächsten Geschichte über und lesen Sie die Geschichte in Ihrem eigenen Tempo weiter, so wie Sie es mit jedem anderen Buch tun würden.

Erst wenn Sie eine Geschichte vollständig gelesen haben, sollten Sie zurückgehen und die Sprache der Geschichte vertiefen, wenn Sie das möchten. Anstatt sich Sorgen zu machen, ob Sie alles verstanden haben, sollten Sie sich die Zeit nehmen, sich auf das zu konzentrieren, was Sie verstanden haben, und sich selbst zu dem beglückwünschen, was Sie geschafft haben.

Einfache Griechische Kurzgeschichten

Adonis Demetriou

Τα ερείπια της Πομπηίας

Ο ήλιος έδερνε ανελέητα την πόλη της Πομπηίας εδώ και μέρες. Οι κάτοικοι είχαν συνηθίσει τη ζέστη, αλλά ακόμη και αυτοί είχαν **αρχίσει να** αισθάνονται τις συνέπειες του **αδυσώπητου** καύσωνα. Το νερό είχε αρχίσει να λιγοστεύει και τα πνεύματα είχαν αρχίσει να φουντώνουν. Το πρωί της 24ης Αυγούστου, τα πράγματα άλλαξαν προς το χειρότερο. Ένας τεράστιος σεισμός συγκλόνισε την πόλη, ακολουθούμενος από μια έκρηξη του Βεζούβιου που κάλυψε την Πομπηία με πυκνή **ηφαιστειακή** τέφρα. Οι πολίτες πανικοβλήθηκαν καθώς προσπαθούσαν να ξεφύγουν από το θανατηφόρο νέφος. Αλλά ήταν πολύ αργά: μέσα σε λίγες ώρες, η Πομπηία θάφτηκε κάτω από εκατομμύρια τόνους βράχων και τέφρας. Για αιώνες, η Πομπηία **παρέμεινε** κρυμμένη κάτω από τον τάφο της από ηφαιστειακά συντρίμμια. Αλλά το 1748, μια ομάδα εξερευνητών ανακάλυψε ξανά την από καιρό χαμένη πόλη - και αυτό που βρήκαν ήταν τόσο συναρπαστικό όσο και σπαρακτικό. **Κάτω από** τις στάχτες βρισκόταν ένα τέλεια διατηρημένο στιγμιότυπο της ρωμαϊκής ζωής... μαζί με τα πτώματα εκείνων που δεν είχαν διαφύγει εγκαίρως.

Το πρώτο πράγμα που μου έκανε εντύπωση ήταν η

Die Ruinen von Pompeji

Die Sonne brannte schon seit Tagen unerbittlich auf die Stadt Pompeji. Die Bürger waren an die Hitze gewöhnt, aber selbst sie **begannen,** die Auswirkungen der **unerbittlichen** Hitzewelle zu spüren. Das Wasser wurde knapp, und die Gemüter begannen sich zu erhitzen. Am Morgen des 24. August wendete sich das Blatt zum Schlechten. Ein schweres Erdbeben erschütterte die Stadt, gefolgt von einem Ausbruch des Vesuvs, der Pompeji in dicke Asche **hüllte**. Die Bürger versuchten in Panik, der tödlichen Wolke zu entkommen. Doch es war zu spät: Innerhalb weniger Stunden war Pompeji unter Millionen Tonnen von Gestein und Asche begraben. Jahrhunderte lang **blieb** Pompeji unter seinem Grab aus vulkanischem Schutt verborgen. Doch 1748 entdeckte eine Gruppe von Forschern die lange verschollene Stadt wieder - und was sie fanden, war faszinierend und herzzerreißend zugleich. **Unter der** Asche lag eine perfekt erhaltene Momentaufnahme des römischen Lebens... zusammen mit den Leichen derer, die nicht rechtzeitig entkommen waren.

Das erste, was mir auffiel, war die Stille. Nachdem Pompeji jahrhundertelang unter der Asche begraben

σιωπή. Μετά από αιώνες που ήταν θαμμένη κάτω από τη στάχτη, η Πομπηία ήταν τρομακτικά ήσυχη. Το δεύτερο πράγμα που παρατήρησα ήταν τα πτώματα - **εκατοντάδες** από αυτά, παγωμένα στο χρόνο. Ήταν ένα **απογοητευτικό** θέαμα. Καθώς εξερευνούσαμε περισσότερο, αρχίσαμε να κατανοούμε καλύτερα τι είχε συμβεί εκείνη τη μοιραία ημέρα. Μπορούσαμε να δούμε πού οι άνθρωποι είχαν προσπαθήσει να διαφύγουν, αλλά είχαν καταπλακωθεί από τα ηφαιστειακά συντρίμμια. Σε ορισμένες περιπτώσεις, ολόκληρες οικογένειες είχαν διασωθεί - μητέρα και παιδί στριμωγμένα μαζί στις τελευταίες τους **στιγμές**. Ήταν τόσο τραγικό όσο και **συναρπαστικό** να βλέπουμε την Πομπηία όπως ήταν κάποτε - μια πολυσύχναστη πόλη γεμάτη ζωή, που τώρα έχει μετατραπεί σε μια πόλη-φάντασμα γεμάτη θάνατο.

Παρά την τραγωδία όσων συνέβησαν, η Πομπηία έχει κάτι παράξενα όμορφο. Κατά κάποιον τρόπο, είναι σαν να κοιτάζεις μια χρονοκάψουλα - μια ματιά σε έναν άλλο κόσμο που χάθηκε πριν από πολύ καιρό. Καθώς περπατούσαμε στους δρόμους και βλέπαμε τα **καθημερινά αντικείμενα** που είχαν διατηρηθεί από τη στάχτη, δεν μπορούσα παρά να νιώσω μια αίσθηση θαυμασμού. Ήταν σαν να είχα μεταφερθεί πίσω στο χρόνο. Και κατά κάποιον τρόπο, νομίζω ότι αυτό θα είναι πάντα η Πομπηία - ένα μέρος όπου ο χρόνος σταματάει. Η Πομπηία είναι ένα μέρος που δεν θα ξεχάσω ποτέ.

war, war es gespenstisch still. Das zweite, was mir auffiel, waren die Leichen - **Hunderte** von ihnen, eingefroren in der Zeit. Es war ein **ernüchternder** Anblick. Als wir die Stadt weiter erkundeten, begannen wir zu verstehen, was an diesem schicksalhaften Tag geschehen war. Wir konnten sehen, wo Menschen versucht hatten zu fliehen, aber von den vulkanischen Trümmern überwältigt worden waren. In einigen Fällen waren ganze Familien verschont geblieben - Mutter und Kind kauerten in ihren letzten **Momenten** aneinander. Es war tragisch und **faszinierend** zugleich, Pompeji so zu sehen, wie es einmal war - eine pulsierende Stadt voller Leben, die nun zu einer Geisterstadt voller Tod geworden ist.

Trotz der Tragödie hat Pompeji etwas seltsam Schönes an sich. In gewisser Weise ist es, als würde man eine Zeitkapsel betrachten - ein Blick in eine andere Welt, die vor langer Zeit verloren ging. Als wir durch die Straßen gingen und die **alltäglichen Gegenstände** sahen, die von der Asche konserviert worden waren, konnte ich nicht anders, als ein Gefühl der Verwunderung zu empfinden. Es war, als wäre ich in der Zeit zurückversetzt worden. Und in gewisser Weise wird Pompeji wohl immer das sein, was es ist - ein Ort, an dem die Zeit stehen geblieben ist. Pompeji ist ein Ort, den ich nie vergessen werde.

Anlama Soruları

1.Πόσο καιρό η Πομπηία ήταν θαμμένη κάτω από το σωρό της τέφρας;

2. Πώς έμοιαζε όταν οι άνθρωποι προσπαθούσαν να ξεφύγουν από την ηφαιστειακή τέφρα;

3. Υπήρχαν μέρη όπου οι άνθρωποι μπορούσαν να αναζητήσουν ασφάλεια από τη στάχτη;

4. Γιατί τα σώματα των ανθρώπων που θάφτηκαν στην Πομπηία είναι τόσο καλά διατηρημένα;

5. Τι το ιδιαίτερο έχει η Πομπηία που την κάνει να διαφέρει από άλλες πόλεις;

6. Πώς αντιδρούν συνήθως οι άνθρωποι στη ζέστη στην Πομπηία;

7. Τι έκανε την Πομπηία να ανακαλυφθεί εκ νέου;

Fragen zum Verständnis

1. Wie lange war Pompeji unter dem Aschehaufen begraben?

2. Wie sah es aus, als die Menschen versuchten, vor der Vulkanasche zu fliehen?

3. Gab es Orte, an denen sich die Menschen vor der Asche in Sicherheit bringen konnten?

4. Warum sind die Körper der in Pompeji begrabenen Menschen so gut erhalten?

5. Was ist das Besondere an Pompeji, das es von anderen Städten unterscheidet?

6. Wie reagieren die Menschen normalerweise auf die Hitze in Pompeji?

7. Warum wurde Pompeji wiederentdeckt?

Η Αθήνα την Άνοιξη

Το πρώτο πράγμα που παρατηρείτε όταν φτάνετε στην Αθήνα είναι η ζέστη. Σε χτυπάει σαν τοίχος, ακόμη και αν έρχεσαι από κάποιο ζεστό μέρος. Το δεύτερο πράγμα είναι ο θόρυβος - φαίνεται ότι όλοι μιλούν ταυτόχρονα και πάντα παίζει κάπου **μουσική.** Αλλά μετά από λίγες μέρες, αρχίζεις να το συνηθίζεις και αρχίζεις να εκτιμάς την πόλη για τη χαοτική της **ενέργεια**. Η άνοιξη είναι μια από τις καλύτερες εποχές για να βρεθείς στην Αθήνα. Ο καιρός είναι τέλειος - ούτε πολύ ζέστη, ούτε πολύ κρύο - και τα πάντα ζωντανεύουν. Τα δέντρα ανθίζουν, τα λουλούδια έχουν βγει και όπου κι αν κοιτάξεις, υπάρχει κάτι **όμορφο** να δεις. Ακόμα και τα **κτίρια που** είναι καλυμμένα με γκράφιτι έχουν μια κάποια **γοητεία** υπό αυτό το φως. Πάντα κάτι συμβαίνει στην Αθήνα είναι πάντα ζωντανή - είτε πρόκειται για ένα φεστιβάλ δρόμου, είτε για ζωντανή μουσική, είτε απλά για ανθρώπους που κάθονται έξω και απολαμβάνουν έναν καφέ ή μια μπύρα (ή και τα δύο).

Υπάρχει ένα αίσθημα χαράς στον αέρα που κάνει ακόμα και τους ξένους να φαίνονται σαν φίλοι. Όλοι φαίνονται ευτυχισμένοι που βρίσκονται εδώ, ζώντας τη ζωή μέσα σε όλη αυτή την ιστορία και τον πολιτισμό. Αν θέλετε να **ζήσετε** πραγματικά την

Athen im Frühling

Das erste, was einem bei der Ankunft in Athen auffällt, ist die Hitze. Sie trifft einen wie eine Wand, selbst wenn man aus einem warmen Land kommt. Das Zweite ist der Lärm - es scheint, als ob alle gleichzeitig reden, und irgendwo spielt immer **Musik**. Aber nach ein paar Tagen gewöhnt man sich daran und beginnt, die Stadt für ihre chaotische **Energie zu** schätzen. Der Frühling ist eine der besten Zeiten für einen Aufenthalt in Athen. Das Wetter ist perfekt - nicht zu heiß, nicht zu kalt - und alles erwacht zum Leben. Die Bäume blühen, die Blumen sind in voller Pracht, und überall gibt es etwas **Schönes zu sehen**. Selbst die mit Graffiti beschmierten **Gebäude haben** in diesem Licht einen gewissen **Charme**. In Athen ist immer etwas los - sei es ein Straßenfest, Live-Musik oder einfach Menschen, die draußen sitzen und einen Kaffee oder ein Bier (oder beides) genießen.

Es liegt ein Gefühl der Freude in der Luft, das selbst Fremde wie Freunde erscheinen lässt. Jeder scheint glücklich zu sein, einfach nur hier zu sein und das Leben inmitten all dieser Geschichte und Kultur zu leben. Wenn Sie Athen wirklich von seiner besten Seite **erleben** wollen, kommen Sie im **Frühling - Sie** werden es nicht bereuen! Ich war zum ersten Mal in

Αθήνα στα καλύτερά της, ελάτε την **άνοιξη -** δεν θα το μετανιώσετε! Ήταν η πρώτη μου φορά στην Αθήνα και γοητεύτηκα αμέσως από την πόλη. Ο καιρός ήταν τέλειος, το φαγητό νόστιμο και πάντα υπήρχε κάτι να κάνει κανείς. Μου άρεσε να **περιπλανιέμαι** άσκοπα, απολαμβάνοντας όλα τα αξιοθέατα και τους ήχους αυτού του ζωντανού τόπου. Ένα απόγευμα, βρέθηκα σε μια περιοχή γεμάτη μικρά καταστήματα που πωλούσαν τα πάντα, από σουβενίρ μέχρι χειροποίητα κοσμήματα. **Σταμάτησα σε** μια μικρή καφετέρια για έναν καφέ και παρακολουθούσα τον κόσμο που περνούσε - ντόπιους και τουρίστες. Φαινόταν να υπάρχει ένα πραγματικό μείγμα πολιτισμών εδώ, και όλοι έδειχναν να τα πάνε τέλεια μαζί. Κάθισα εκεί για ώρες, **παρατηρώντας** τους ανθρώπους και απολαμβάνοντας την ατμόσφαιρα, μέχρι που άρχισε να σκοτεινιάζει. Καθώς επέστρεφα στο ξενοδοχείο μου, ένιωθα πραγματικά ευτυχισμένη - σαν να ανήκα εδώ.

Η Ελλάδα ήταν πάντα ένα από εκείνα τα μέρη που ήταν στη λίστα μου, αλλά για τον ένα ή τον άλλο λόγο, ποτέ δεν κατάφερα να την επισκεφτώ - μέχρι τώρα. Και επιτρέψτε μου να σας πω, δεν **με απογοήτευσε**! Η Αθήνα είναι μια απίστευτη πόλη με τόση **ιστορία** και πολιτισμό (για να μην αναφέρω το υπέροχο φαγητό!) Είναι αδύνατο να μην την ερωτευτείς αμέσως με την άφιξή σου. Ήθελα να επισκεφτώ την Αθήνα εδώ και χρόνια, αλλά με κάποιο τρόπο πάντα κατέληγα να πηγαίνω κάπου αλλού.

Athen, und die Stadt hat mich sofort in ihren Bann gezogen. Das Wetter war perfekt, das Essen war köstlich, und es gab immer etwas zu tun. Ich liebte es, ziellos umherzuwandern und alle Sehenswürdigkeiten und Geräusche dieses pulsierenden Ortes in mich aufzunehmen. Eines Nachmittags fand ich mich in einer Gegend voller kleiner Geschäfte wieder, die alles von Souvenirs bis zu handgefertigtem Schmuck verkauften. In einem kleinen Café trank ich einen Kaffee und beobachtete die Menschen, die sich dort tummelten - Einheimische und Touristen gleichermaßen. Es schien hier eine echte Mischung von Kulturen zu geben, und alle schienen sich gut zu verstehen. Ich saß stundenlang da, **beobachtete die** Leute und **saugte** die Atmosphäre auf, bis es dunkel wurde. Als ich mich auf den Rückweg zu meinem Hotel machte, fühlte ich mich wirklich glücklich - als ob ich hierher gehörte.

Griechenland war schon immer eines der Länder, die auf meiner Wunschliste standen, aber aus irgendeinem Grund bin ich nie dazu gekommen, es zu besuchen - bis jetzt. Und ich kann euch sagen, es hat mich nicht **enttäuscht**! Athen ist eine unglaubliche Stadt mit so viel **Geschichte** und Kultur (ganz zu schweigen vom großartigen Essen!), dass man sich bei der Ankunft sofort in sie verlieben muss. Ich hatte schon seit Jahren vor, Athen zu besuchen, aber irgendwie bin ich immer woanders hingefahren.

Anlama Soruları

1. Ποια είναι τα δύο πρώτα πράγματα που παρατηρείτε όταν φτάνετε στην Αθήνα;

2. Πώς σας κάνει να αισθάνεστε η πόλη;

3. Ποιο είναι το αγαπημένο σας πράγμα στην Αθήνα;

4. Τι μπορείτε να κάνετε στην Αθήνα;

5. Πώς είναι ο καιρός στην Αθήνα;

6. Ποια είναι η ιστορία της Αθήνας;

7. Ποια είναι η κουλτούρα της Αθήνας;

8. Πώς είναι το φαγητό στην Αθήνα;

9. Πώς είναι οι άνθρωποι στην Αθήνα;

10. Γιατί κάποιος πρέπει να επισκεφθεί την Αθήνα;

Fragen zum Verständnis

1. Was sind die ersten beiden Dinge, die Ihnen auffallen, wenn Sie in Athen ankommen?

2. Wie fühlen Sie sich in der Stadt?

3. Was gefällt Ihnen an Athen am besten?

4. Was gibt es in Athen zu tun?

5. Wie ist das Wetter in Athen?

6. Was ist die Geschichte von Athen?

7. Was ist die Kultur von Athen?

8. Wie ist das Essen in Athen?

9. Wie sind die Menschen in Athen?

10. Warum sollte man Athen besuchen?

Μια μέρα στη Μύκονο

Ο ήλιος μόλις ξεπρόβαλλε από τον ορίζοντα όταν βγήκα στο μπαλκόνι της βίλας μου. Η θέα έκοβε την ανάσα, όπως πάντα στη Μύκονο. Ο αστραφτερός ωκεανός, οι **παραλίες** με τη λευκή άμμο και τα πολύχρωμα σπίτια που ήταν διάσπαρτα στο τοπίο, όλα μαζί δημιουργούσαν ένα σκηνικό που έμοιαζε σαν να ήταν βγαλμένο από καρτ ποστάλ. Πήρα μια βαθιά ανάσα και εισέπνευσα τον καθαρό αέρα της θάλασσας. Θα ήταν άλλη μια **όμορφη** μέρα στον παράδεισο. Γύρισα μέσα και ντύθηκα για το πρωινό. Είχα κάνει κράτηση σε ένα από τα πιο δημοφιλή εστιατόρια του νησιού, γι' αυτό ήθελα να δείχνω τον καλύτερό μου εαυτό. Όταν έφτασα, υπήρχε ήδη μια μεγάλη ουρά απ' έξω που περίμενε να μπει. Αλλά ευτυχώς, η **κράτησή** μου σήμαινε ότι μπορούσα να παρακάμψω όλα αυτά και να πάω κατευθείαν στο τραπέζι μου. Μόλις κάθισα, οι **σερβιτόροι** άρχισαν να φέρνουν πιατέλες με φαγητό - αυγά μαγειρεμένα με κάθε τρόπο που μπορεί να φανταστεί κανείς, μπέικον, λουκάνικα, τηγανίτες **που έσταζαν** σιρόπι και πολλά άλλα! Το στόμα μου άρχισε να τρέχει και μόνο που τα έβλεπα όλα αυτά! Και φυσικά, κανένα γεύμα στην Ελλάδα δεν θα ήταν πλήρες χωρίς φέτα και **ελιές** στο πλάι.

Ein Tag auf Mykonos

Die Sonne lugte gerade über den Horizont, als ich auf den Balkon meiner Villa trat. Die Aussicht war atemberaubend, wie immer auf Mykonos. Das glitzernde Meer, die weißen **Sandstrände** und die farbenfrohen Häuser, die die Landschaft säumen, ergaben ein Bild, das wie aus einer Postkarte aussah. Ich nahm einen tiefen Atemzug und atmete die frische Meeresluft ein. Es sollte ein weiterer **schöner** Tag im Paradies werden. Ich ging zurück ins Haus und zog mich für das Frühstück an. Ich hatte einen Tisch in einem der beliebtesten Restaurants der Insel reserviert, also wollte ich mich von der besten Seite zeigen. Als ich ankam, wartete draußen bereits eine lange Schlange auf den Einlass. Aber zum Glück konnte ich dank meiner **Reservierung** all das umgehen und direkt zu meinem Tisch gehen. Kaum hatte ich Platz genommen, brachten **die Kellner** Platten mit Speisen - Eier in allen erdenklichen Variationen, Speck, Würstchen, Pfannkuchen **mit** Sirup und vieles mehr! Mir lief das Wasser im Mund zusammen, als ich das alles sah! Und natürlich wäre keine Mahlzeit in Griechenland vollständig ohne Feta-Käse und **Oliven** als Beilage.

Ich aß, bis ich völlig satt war, und lehnte mich dann mit

Έφαγα μέχρι να χορτάσω, και μετά έγειρα στην καρέκλα μου με έναν ικανοποιημένο αναστεναγμό. Εκείνη τη στιγμή, **παρατήρησα** κάποιον που περνούσε και μου φαινόταν γνωστός. Μου πήρε μια στιγμή να τους εντοπίσω, αλλά μετά θυμήθηκα ότι ήταν ηθοποιοί από το Χόλιγουντ. Μου έγνεψε ευγενικά καθώς περνούσε, και έκανα το ίδιο πριν γυρίσω πίσω για να απολαύσω το υπόλοιπο γεύμα μου. Μετά το πρωινό, αποφάσισα να περιπλανηθώ **στην** πόλη και να κάνω μερικά ψώνια. Οι δρόμοι ήταν ήδη γεμάτοι από κόσμο, τόσο ντόπιους όσο και τουρίστες. Τα καταστήματα εδώ είναι τόσο μοναδικά, και πάντα υπάρχει κάτι καινούργιο να ανακαλύψεις. Πρέπει να **πέρασα** ώρες περιηγούμενη σε όλα τα διαφορετικά καταστήματα προτού τελικά επιστρέψω στη βίλα μου. Καθώς περπατούσα, δεν μπορούσα παρά να παρατηρήσω πόσοι όμορφοι άνθρωποι υπήρχαν στη Μύκονο. Φαίνεται ότι όπου κι αν γυρίσεις, υπάρχει **κάποιος** που μοιάζει σαν να βγήκε από διαφήμιση περιοδικού. Ακόμα και οι ηλικιωμένοι εδώ φαίνεται να έχουν γεράσει με χάρη, χωρίς ούτε μια **ρυτίδα**! Είχα αρχίσει να πεινάω και πάλι λίγο, οπότε αποφάσισα να σταματήσω σε ένα από τα καφέ για μια γρήγορη μπουκιά πριν πάω σπίτι για φαγητό. Καθώς περίμενα την παραγγελία μου, παρακολουθούσα τον κόσμο από τη θέση μου έξω.

einem zufriedenen Seufzer in meinem Stuhl zurück. In diesem Moment **sah** ich jemanden vorbeigehen, der mir bekannt vorkam. Ich brauchte einen Moment, um sie einzuordnen, aber dann fiel mir ein, dass es sich um Schauspieler aus Hollywood handelte. Er nickte mir im Vorbeigehen höflich zu, und ich tat es ihm gleich, bevor ich mich wieder umdrehte, um den Rest meiner Mahlzeit zu genießen. Nach dem Frühstück beschloss ich, durch **die** Stadt zu schlendern und ein paar Einkäufe zu erledigen. Die Straßen waren bereits voller Menschen, sowohl Einheimische als auch Touristen. Die Geschäfte hier sind so einzigartig, und es gibt immer etwas Neues zu entdecken. Ich muss Stunden **damit verbracht haben**, all die verschiedenen Geschäfte zu durchstöbern, bevor ich mich schließlich auf den Weg zurück zu meiner Villa machte. Bei meinem Spaziergang fiel mir auf, wie viele schöne Menschen es auf Mykonos gibt. Überall, wo man hinkommt, sieht man **jemanden**, der aussieht, als wäre er gerade einer Zeitschriftenwerbung entstiegen. Sogar die älteren Leute hier scheinen in Würde gealtert zu sein, ohne eine einzige **Falte** zu sehen! Langsam wurde ich wieder etwas hungrig, und so beschloss ich, in einem der Cafés einen kleinen Happen zu essen, bevor ich mich auf den Heimweg machte. Während ich auf meine Bestellung wartete, beobachtete ich die Leute von meinem Platz draußen.

Anlama Soruları

1. Πού βρίσκεται ο αφηγητής όταν βγαίνει για πρώτη φορά από τη βίλα του;

2. Ποια χρώματα είναι εμφανή στη θέα από τη βίλα του αφηγητή;

3. Τι κάνει ο αφηγητής μετά το πρωινό;

4. Τι είδους ανθρώπους βλέπει ο αφηγητής την ώρα που παρακολουθεί τον κόσμο;

5. Τι είδους φαγητό τρώει ο αφηγητής για μεσημεριανό γεύμα;

6. Πώς αισθάνεται ο αφηγητής μετά το γεύμα;

7. Τι κάνει ο αφηγητής όταν φτάνουν στην παραλία;

8. Πώς είναι ο ωκεανός όπου κολυμπάει ο αφηγητής;

Fragen zum Verständnis

1. Wo befindet sich der Erzähler, als er zum ersten Mal seine Villa verlässt?

2. Welche Farben sind in der Ansicht der Villa des Erzählers zu sehen?

3. Was macht der Erzähler nach dem Frühstück?

4. Welche Art von Menschen sieht der Erzähler, während er die Leute beobachtet?

5. Was isst der Erzähler zum Mittagessen?

6. Wie fühlt sich der Erzähler nach dem Mittagessen?

7. Was tut der Erzähler, als sie am Strand ankommen?

8. Wie sieht das Meer aus, in dem der Erzähler schwimmt?

Ηλιοβασιλέματα της Σαντορίνης

Ο ήλιος έδυε στον ορίζοντα, βάφοντας τον ουρανό σε ένα φάσμα πορτοκαλί, ροζ και μοβ χρωμάτων. Τα κύματα **χτυπούσαν στα** βράχια, στέλνοντας έναν ψεκασμό αλμυρού νερού. Τα ηλιοβασιλέματα της Σαντορίνης ήταν από τα πιο όμορφα στον πλανήτη, και είχα την τύχη να τα παρακολουθήσω. Κατέβηκα στην παραλία, θαυμάζοντας τον τρόπο με τον οποίο το φως χόρευε πάνω στο νερό. Έμοιαζε σαν να είχαν διασκορπιστεί εκατομμύρια **διαμάντια στην** επιφάνειά του. Κάθισα στην άμμο και παρακολούθησα τον ήλιο να **χάνεται** αργά πίσω από τον ορίζοντα, αφήνοντας πίσω του ένα ίχνος από φλογερά κόκκινα και πορτοκαλί χρώματα. Καθώς άρχισε να πέφτει η νύχτα, σηκώθηκα και επέστρεψα στο δωμάτιο του ξενοδοχείου μου. Αύριο θα ήταν μια άλλη μέρα γεμάτη περιπέτεια - αλλά προς το παρόν, ήθελα να απολαύσω αυτό το **σπουδαίο** ηλιοβασίλεμα. Ξύπνησα νωρίς το επόμενο πρωί, ανυπόμονος να εξερευνήσω τα ηλιοβασιλέματα της Σαντορίνης. Είχα ακούσει τόσα πολλά γι' αυτό και επιτέλους ήμουν εδώ. Μετά το **πρωινό**, κατέβηκα ξανά στην παραλία και άρχισα να εξερευνώ τα βράχια. Η θέα από εδώ πάνω ήταν ακόμη πιο μαγευτική από ό,τι από κάτω.

Santorini Sonnenuntergänge

Die Sonne ging über dem Horizont unter und färbte
den Himmel in ein Spektrum aus Orange, Rosa und
Violett. Die Wellen schlugen **gegen** die Klippen und
ließen eine Gischt aus salzigem Wasser aufsteigen.
Die Sonnenuntergänge auf Santorin gehören zu den
schönsten der Welt, und ich hatte das Glück, sie zu
erleben. Ich ging hinunter zum Strand und bewunderte
die Art und Weise, wie das Licht auf dem Wasser
tanzte. Es sah aus, als wären Millionen von **Diamanten**
über die Wasseroberfläche gestreut worden. Ich
setzte mich in den Sand und beobachtete, wie die
Sonne langsam hinter dem Horizont **verschwand**
und eine Spur aus feurigen Rot- und Orangetönen
hinterließ. Als die Nacht hereinbrach, stand ich
auf und machte mich auf den Weg zurück in mein
Hotelzimmer. Morgen würde ein weiterer Tag voller
Abenteuer anstehen - aber jetzt wollte ich erst einmal
diesen **unvergesslichen** Sonnenuntergang genießen.
Am nächsten Morgen wachte ich früh auf und wollte
unbedingt die Sonnenuntergänge von Santorin
erkunden. Ich hatte schon so viel darüber gehört, und
nun war ich endlich hier. Nach dem **Frühstück** ging ich
wieder hinunter zum Strand und begann, die Klippen zu

Πέρασα ώρες περπατώντας, απολαμβάνοντας τα αξιοθέατα και τους ήχους αυτού του μαγικού τόπου. Καθώς η μέρα άρχισε να τελειώνει, επέστρεψα στην **παραλία για** μια τελευταία φορά. Ήθελα να παρακολουθήσω το **ηλιοβασίλεμα** άλλη μια φορά πριν αφήσω πίσω μου αυτόν τον παράδεισο. Για άλλη μια φορά, κάθισα στην άμμο και παρακολούθησα τη νύχτα να πέφτει αργά πάνω από τα ηλιοβασιλέματα της Σαντορίνης. Τα αστέρια είχαν βγει σε πλήρη ισχύ απόψε, λαμπυρίζοντας έντονα στο φόντο ενός καθαρού ουρανού. Ήταν πραγματικά ένα αξιοθέατο που δεν θα ξεχάσω ποτέ. " Το επόμενο πρωί, μάζεψα τις βαλίτσες μου και έφυγα από το δωμάτιο του ξενοδοχείου μου. Ήταν καιρός να επιστρέψω στο σπίτι μου - αλλά ήξερα ότι θα επέστρεφα. Τα ηλιοβασιλέματα της Σαντορίνης είχαν κλέψει την καρδιά μου και ήξερα ότι θα **ονειρευόμουν** αυτό το μέρος για τα επόμενα χρόνια. Καθώς το αεροπλάνο απογειωνόταν, παρακολουθούσα το νησί να χάνεται αργά στο βάθος. Αλλά ακόμη και από εδώ ψηλά, μπορούσα να δω την ομορφιά των ηλιοβασιλέματος της Σαντορίνης. Ήταν ένα **μέρος** που θα είχε πάντα μια ξεχωριστή θέση στην καρδιά μου. "

erkunden. Die Aussicht von hier oben war sogar noch atemberaubender als von unten.

Ich verbrachte Stunden damit, herumzulaufen und die Sehenswürdigkeiten und Geräusche dieses magischen Ortes in mich aufzunehmen. Als der Tag langsam zu Ende ging, machte ich mich ein letztes Mal auf den Weg zurück zum **Strand**. Ich wollte mir noch einmal den **Sonnenuntergang ansehen**, bevor ich dieses Paradies hinter mir ließ. Noch einmal setzte ich mich in den Sand und sah zu, wie die Nacht langsam über Santorini Sunsets hereinbrach. Die Sterne waren heute Abend in voller Stärke zu sehen, sie funkelten hell vor dem Hintergrund eines klaren Himmels. Das war wirklich ein Anblick, den ich nie vergessen würde. "Am nächsten Morgen packte ich meine Koffer und checkte aus meinem Hotelzimmer aus. Es war Zeit, nach Hause zu fahren - aber ich wusste, dass ich wiederkommen würde. Die Sonnenuntergänge auf Santorin hatten mein Herz gestohlen, und ich wusste, dass ich noch jahrelang von diesem Ort **träumen** würde. Als das Flugzeug abhob, sah ich, wie die Insel langsam in der Ferne verschwand. Aber selbst von hier oben aus konnte ich noch die Schönheit der Sonnenuntergänge von Santorin sehen. Es war ein **Ort**, der immer einen besonderen Platz in meinem Herzen haben würde. "

Anlama Soruları

1. Ποια χρώματα υπήρχαν στον ουρανό κατά τη διάρκεια του ηλιοβασιλέματος;

2. Με τι συγκρίνει ο συγγραφέας τα κύματα;

3. Τι λέει ο συγγραφέας για τα ηλιοβασιλέματα της Σαντορίνης;

4. Από πού παρακολούθησε ο συγγραφέας το ηλιοβασίλεμα;

5. Τι ώρα της ημέρας ο συγγραφέας παρακολούθησε το ηλιοβασίλεμα;

6. Τι έκανε ο συγγραφέας αφού παρακολούθησε το ηλιοβασίλεμα;

7. Τι έκανε ο συγγραφέας την επόμενη μέρα;

8. Τι πιστεύει ο συγγραφέας για τα ηλιοβασιλέματα της Σαντορίνης;

Fragen zum Verständnis

1. Welche Farben waren während des Sonnenuntergangs am Himmel zu sehen?

2. Womit vergleicht der Autor die Wellen?

3. Was sagt der Autor über die Sonnenuntergänge auf Santorin?

4. Von wo aus hat der Autor den Sonnenuntergang beobachtet?

5. Zu welcher Tageszeit hat der Autor den Sonnenuntergang beobachtet?

6. Was hat der Autor getan, nachdem er den Sonnenuntergang gesehen hat?

7. Was hat der Autor am nächsten Tag getan?

8. Was hält der Autor von den Sonnenuntergängen auf Santorin?

Ο Παρθενώνας τη νύχτα

Ο Παρθενώνας τη νύχτα είναι ένα αξιοθέατο. Ο αρχαίος ελληνικός ναός **φωτίζεται από το** φως της πανσελήνου και ρίχνει μια απόκοσμη λάμψη πάνω από τα ερείπια. Είναι σαν να έχει σταματήσει ο χρόνος και μπορείτε σχεδόν να φανταστείτε τα φαντάσματα των αρχαίων Ελλήνων να περπατούν ανάμεσα στους κίονες. Πλησιάζετε το ναό **προσεκτικά**, μισοπεριμένοντας ότι κάτι θα σας πεταχτεί από τις **σκιές**. Αλλά όλα είναι ήσυχα, εκτός από τον ήχο των δικών σας βημάτων που αντηχούν στο πέτρινο δάπεδο. Καθώς εισέρχεστε στην κύρια αίθουσα, εντυπωσιάζεστε από το μέγεθος και το μεγαλείο της. Δεν μπορείτε παρά να νιώσετε ένα αίσθημα ευλάβειας γι' αυτό το μέρος, παρά την τρέχουσα κατάσταση **αποσύνθεσής του**. Περιπλανιέστε για λίγο, απολαμβάνοντας όλες τις **λεπτομέρειες** αυτού του απίστευτου οικοδομήματος. Τελικά, επιστρέφετε έξω και κάθεστε σε ένα από τα σκαλοπάτια για να απολαύσετε τη θέα για λίγο **ακόμα** πριν επιστρέψετε στο σπίτι σας. "

Καθώς κάθεστε εκεί και κοιτάτε τον Παρθενώνα, δεν μπορείτε παρά να **αναρωτηθείτε** πώς πρέπει να ήταν στην ακμή του. Τι είδους γεγονότα λάμβαναν χώρα εδώ; Ποιοι ήταν οι άνθρωποι που λάτρευαν σε αυτόν τον

Der Parthenon bei Nacht

Der Parthenon bei Nacht ist ein wahrer Augenschmaus. Der antike griechische Tempel wird vom Licht des Vollmonds **angestrahlt** und wirft einen unheimlichen Schein auf die Ruinen. Es ist, als wäre die Zeit stehen geblieben, und man kann sich fast vorstellen, wie die Geister der alten Griechen zwischen den Säulen umhergehen. Du näherst dich dem Tempel **vorsichtig**, in der Erwartung, dass dich etwas aus den **Schatten anspringt**. Aber alles ist still, bis auf das Echo deiner eigenen Schritte auf dem Steinboden. Als du die Hauptkammer betrittst, bist du von ihrer Größe und Erhabenheit überwältigt. Du kannst nicht anders, als eine gewisse Ehrfurcht vor diesem Ort zu empfinden, auch wenn er sich derzeit in einem **verfallenen Zustand befindet**. Sie wandern eine Weile umher und nehmen alle **Details** dieses unglaublichen Bauwerks in sich auf. Schließlich gehen Sie wieder nach draußen und setzen sich auf eine der Stufen, um die Aussicht **noch ein wenig zu genießen**, bevor Sie sich auf den Heimweg machen. "

Wenn man dort sitzt und den Parthenon betrachtet, kann man nicht anders, als **sich zu fragen**, wie er

ναό; Σηκώνεστε και περπατάτε προς την άλλη πλευρά του **κτιρίου**, όπου βλέπετε μια μικρή πόρτα **που οδηγεί** σε έναν από τους θαλάμους. Διστάζετε για μια στιγμή, χωρίς να είστε σίγουροι αν πρέπει να μπείτε μέσα. Αλλά στη συνέχεια η περιέργεια σε κυριεύει και μπαίνεις μέσα στο σκοτάδι. Μόλις τα μάτια σας προσαρμοστούν στην έλλειψη φωτός, αρχίζετε να διακρίνετε κάποια αμυδρά σημάδια στους τοίχους. Καθώς πλησιάζετε, συνειδητοποιείτε ότι βλέπετε αρχαία ελληνικά **γραπτά**! Δεν μπορείτε να πιστέψετε ότι **στέκεστε** μπροστά σε ένα πραγματικό ιστορικό τεχνούργημα. Περνάτε τις επόμενες ώρες εξερευνώντας τους υπόλοιπους θαλάμους, θαυμάζοντας όλες τις αρχαίες γραφές και τα γλυπτά. Είναι σαν να έχετε **μεταφερθεί** πίσω στο χρόνο!

Καθώς ο ήλιος αρχίζει να ανατέλλει, ξέρετε ότι ήρθε η ώρα να φύγετε. Αλλά δεν μπορείς να μην αισθανθείς μια μικρή θλίψη καθώς φεύγεις από αυτό το μέρος. **Υπόσχεσαι** στον εαυτό σου ότι θα επιστρέψεις και θα εξερευνήσεις περισσότερο κάποια άλλη μέρα. Καθώς απομακρύνεστε από τον **Παρθενώνα,** δεν μπορείτε παρά να νιώσετε μια αίσθηση θαυμασμού για όλα όσα είδατε. Είναι σαν αυτό το μέρος να έχει **παγώσει** στο χρόνο και νιώθετε τυχεροί που το ζήσατε από πρώτο χέρι.

wohl in seiner Blütezeit ausgesehen haben muss. Was für Veranstaltungen fanden hier statt? Wer waren die Menschen, die in diesem Tempel verehrt wurden? Du stehst auf und gehst auf die andere Seite des **Gebäudes**, wo du eine kleine Tür siehst, **die** in eine der Kammern **führt**. Du zögerst einen Moment, weil du nicht weißt, ob du hineingehen sollst. Doch dann überkommt dich die Neugier und du trittst hindurch in die Dunkelheit. Sobald sich deine Augen an das fehlende Licht gewöhnt haben, kannst du einige schwache Markierungen an den Wänden ausmachen. Als du näher kommst, stellst du fest, dass du auf altgriechische **Schriftzeichen** schaust! Du kannst nicht glauben, dass du vor einem echten historischen Artefakt **stehst**. Die nächsten Stunden verbringst du damit, den Rest der Kammern zu erkunden und all die alten Schriften und Schnitzereien zu bestaunen. Es ist, als wären Sie in die Vergangenheit zurückversetzt worden!

Als die Sonne aufgeht, weißt du, dass es Zeit ist, zu gehen. Aber du kannst nicht anders, als ein wenig traurig zu sein, wenn du diesen Ort verlässt. Du **versprichst** dir selbst, dass du an einem anderen Tag zurückkommst und mehr erkundest. Als du den **Parthenon verlässt, kannst du dich des Eindrucks** nicht erwehren, dass du alles gesehen hast. Es ist, als wäre dieser Ort in der Zeit **eingefroren worden**, und Sie sind froh, ihn aus erster Hand erlebt zu haben.

Anlama Soruları

1. Πώς είναι ο Παρθενώνας τη νύχτα;

2. Από τι είναι φτιαγμένος ο Παρθενώνας;

3. Πόσο παλιός είναι ο Παρθενώνας;

4. Για ποιο σκοπό χρησιμοποιούνταν ο Παρθενώνας στην αρχαιότητα;

5. Ποιος έχτισε τον Παρθενώνα;

6. Πόσες στήλες υπάρχουν στον Παρθενώνα;

7. Ποια είναι η σημασία του Παρθενώνα;

8. Τι αντιπροσωπεύει ο Παρθενώνας για τους Έλληνες;

9. Πώς διατηρήθηκε ο Παρθενώνας με την πάροδο των χρόνων;

Fragen zum Verständnis

1. Wie sieht der Parthenon bei Nacht aus?

2. Woraus ist der Parthenon gemacht?

3. Wie alt ist der Parthenon?

4. Wozu diente das Parthenon in der Antike?

5. Wer hat den Parthenon gebaut?

6. Wie viele Säulen gibt es im Parthenon?

7. Was ist die Bedeutung des Parthenon?

8. Was bedeutet der Parthenon für die Menschen in Griechenland?

9. Wie ist der Parthenon im Laufe der Jahre erhalten geblieben?

Δρόμοι της Ρόδου

Οι δρόμοι της Ρόδου είναι πάντα πολυσύχναστοι. Δεν υπάρχει στιγμή που να μην συμβαίνει κάτι. **Είτε** πρόκειται για ανθρώπους που περπατούν, είτε για αυτοκίνητα που κορνάρουν, είτε για τον **ήχο** της μουσικής που ακούγεται από ένα από τα πολλά καφέ, οι δρόμοι είναι πάντα ζωντανοί από δραστηριότητα. **Θυμάμαι** μια φορά που περπατούσα στο δρόμο και είδα μια γυναίκα που έμοιαζε σαν να ήταν έτοιμη να λιποθυμήσει. Έτρεξα προς το μέρος της και τη βοήθησα σε ένα παγκάκι όπου μπορούσε να καθίσει. Τη ρώτησα αν ήταν καλά και μου είπε ότι **ήθελε** μόνο λίγο νερό. Ποτέ δεν ξέρεις τι θα δεις ή ποιον θα συναντήσεις. Αυτό είναι ένα μέρος αυτού που το κάνει τόσο **συναρπαστικό**! Καθώς περπατούσα στο δρόμο, δεν μπορούσα παρά να παρατηρήσω όλους τους ανθρώπους. Υπήρχαν τόσοι πολλοί **διαφορετικοί τύποι ανθρώπων**, από όλα τα κοινωνικά στρώματα. Ήταν εκπληκτικό να βλέπεις μια τόσο διαφορετική ομάδα ανθρώπων σε ένα μέρος.

Ξαφνικά, άκουσα κάποιον **να φωνάζει** το όνομά μου. **Γύρισα** και είδα τον φίλο μου να με χαιρετάει από την απέναντι πλευρά του δρόμου. Είχαμε κανονίσει να συναντηθούμε και να φάμε μαζί. Καθώς

Die Straßen von Rhodos

Auf den Straßen von Rhodos ist immer etwas los. Es gibt keinen Moment, in dem nicht irgendetwas los ist. **Ob** Menschen vorbeilaufen, Autos hupen oder Musik aus einem der vielen Cafés **ertönt**, die Straßen sind immer voller Leben. Ich **erinnere mich, wie** ich einmal die Straße entlangging und eine Frau sah, die aussah, als würde sie gleich in Ohnmacht fallen. Ich eilte zu ihr hin und half ihr auf eine Bank, wo sie sich hinsetzen konnte. Ich fragte sie, ob es ihr gut ginge, und sie sagte, sie **brauche** nur etwas Wasser. Man weiß nie, was man sehen wird oder wen man trifft. Das macht es ja auch so **spannend**! Als ich die Straße hinunterlief, konnte ich nicht umhin, all die Menschen zu bemerken. Es gab so viele **verschiedene** Menschen aus allen Gesellschaftsschichten. Es war erstaunlich, eine so vielfältige Gruppe von Menschen an einem Ort zu sehen.

Plötzlich hörte ich, wie jemand meinen Namen **rief**. Ich drehte mich **um** und sah meinen Freund, der mir von der anderen Straßenseite zuwinkte. Wir hatten geplant, uns zu treffen und gemeinsam zu Mittag zu essen. Als ich die belebte Straße überquerte, konnte ich nicht umhin, mich zu fragen, welche anderen **Abenteuer** der

διέσχιζα τον πολυσύχναστο δρόμο, δεν μπορούσα παρά να αναρωτηθώ τι άλλες **περιπέτειες** θα μου επιφύλασσε η μέρα. **Αποφασίσαμε** να σταματήσουμε σε μια καφετέρια για μεσημεριανό γεύμα, και καθώς περιμέναμε το φαγητό μας, είδαμε μια γυναίκα που έμοιαζε σαν να ήταν έτοιμη να λιποθυμήσει. Τρέξαμε προς το μέρος της και τη βοηθήσαμε σε ένα παγκάκι όπου μπορούσε να καθίσει. Τη ρωτήσαμε αν ήταν καλά και μας είπε ότι **ήθελε** μόνο λίγο νερό. Πήγαμε να της φέρουμε λίγο νερό από μια κοντινή καφετέρια, και όταν επιστρέψαμε, είχε φύγει. Μόνο αργότερα συνειδητοποιήσαμε ότι την είχαν κλέψει από πορτοφόλι όσο εμείς λείπαμε. Μετά το γεύμα, αποφασίσαμε να περπατήσουμε για λίγο στο κέντρο της πόλης. Καθώς **περπατούσαμε**, ο φίλος μου μας έδειξε όλα τα διαφορετικά είδη καταστημάτων που υπήρχαν. Υπήρχαν τόσα πολλά διαφορετικά είδη καταστημάτων! Από καταστήματα με ρούχα μέχρι καταστήματα με **σουβενίρ, υπήρχε** κάτι για **όλους στο** κέντρο της πόλης. Τελικά, επιστρέψαμε προς τους δρόμους όπου γινόταν όλη η δραστηριότητα. Όπως πάντα, δεν υπήρχε στιγμή που να μην συμβαίνει κάτι!

Tag für mich bereithalten würde. Wir **beschlossen,** in einem Café zu Mittag zu essen, und als wir auf unser Essen warteten, sahen wir eine Frau, die aussah, als würde sie gleich in Ohnmacht fallen. Wir eilten zu ihr hin und halfen ihr auf eine Bank, wo sie sich setzen konnte. Wir fragten sie, ob es ihr gut ginge, und sie sagte, dass sie nur etwas Wasser **bräuchte**. Wir holten ihr Wasser aus einem nahe gelegenen Café, und als wir zurückkamen, war sie verschwunden. Erst später stellten wir fest, dass sie in unserer Abwesenheit bestohlen worden war. Nach dem Mittagessen beschlossen wir, eine Weile durch das Stadtzentrum zu gehen. Während wir **liefen**, zeigte meine Freundin auf all die verschiedenen Arten von Geschäften, die es dort gab. Es gab so viele verschiedene Arten von Geschäften! Von Bekleidungsgeschäften bis hin zu Souvenirshops war für **jeden** etwas im Stadtzentrum dabei. Schließlich machten wir uns auf den Weg zurück zu den Straßen, auf denen sich das ganze Treiben abspielte. Wie immer gab es keinen Moment, in dem nicht etwas los war!

Anlama Soruları

1. Τι λέει ο συγγραφέας ότι συμβαίνει πάντα στους δρόμους της Ρόδου;

2. Τι έκανε ο συγγραφέας όταν είδε μια γυναίκα που έμοιαζε να είναι έτοιμη να λιποθυμήσει;

3. Ποια ήταν η γνώμη του συγγραφέα για την ποικιλόμορφη ομάδα ανθρώπων που είδαν στην πόλη;

4. Τι συνέβη όταν ο συγγραφέας και ο φίλος τους πήγαν να φέρουν νερό για τη γυναίκα
ποιος ήταν έτοιμος να λιποθυμήσει;

5. Τι έκαναν ο συγγραφέας και ο φίλος τους μετά το γεύμα;

6. Ποια ήταν η αντίδραση του συγγραφέα στους ζητιάνους που είδαν στο δρόμο;

7. Τι είπε η φίλη του συγγραφέα ότι θα ήθελε να μπορούσε να κάνει για ανθρώπους σαν τον Αχμέντ;

Fragen zum Verständnis

1. Was passiert nach Ansicht des Autors ständig auf den Straßen von Rhodos?

2. Was hat der Autor getan, als er eine Frau sah, die aussah, als würde sie gleich in Ohnmacht fallen?

3. Was hält der Autor von der Vielfalt der Menschen, die er in der Stadt sieht?

4. Was geschah, als der Autor und sein Freund Wasser für die Frau holten?
der kurz vor der Ohnmacht stand?

5. Was haben der Autor und sein Freund nach dem Mittagessen gemacht?

6. Wie reagierte der Autor auf die Bettler, die er auf der Straße sah?

7. Was sagte die Freundin des Autors, dass sie sich wünschte, sie könnte etwas für Menschen wie Ahmed tun?

Ένα γεύμα στην Κρήτη

Ο ήλιος μόλις είχε αρχίσει να ξεπροβάλλει από τον ορίζοντα, αλλά **ήδη** η ζέστη ήταν έντονη. Ένιωθα τον ιδρώτα να τρέχει στην πλάτη μου καθώς περνούσα μέσα από τα στενά δρομάκια του Ηρακλείου, **κατευθυνόμενος** προς ένα από τα αγαπημένα μου μέρη σε όλη την **Κρήτη** - το The Kitchen.Αυτό το μικρό εστιατόριο ήταν πάντα γεμάτο, όποια ώρα της ημέρας ή της νύχτας κι αν ήταν. Αλλά αυτό δεν με απέτρεψε από το να προσπαθώ να πιάσω τραπέζι με κάθε ευκαιρία. Το φαγητό εδώ δεν έμοιαζε με οτιδήποτε άλλο είχα δοκιμάσει ποτέ πριν - φρέσκο, γευστικό και απολύτως νόστιμο. έφτασα στο The Kitchen μόλις άνοιξε για δουλειά και γρήγορα εξασφάλισα μια θέση στην ουρά. Μέσα σε **λίγα λεπτά**, κάθισα σε ένα μικρό τραπέζι κοντά στο **παράθυρο** και περίμενα με ανυπομονησία το γεύμα μου.

Η **σερβιτόρα** έφτασε λίγο μετά από μένα, κουβαλώντας έναν μεγάλο δίσκο με φαγητό. **Τοποθέτησε** μπροστά μου ένα γεμάτο πιάτο με μουσακά, μαζί με ελληνική σαλάτα και πίτα. Ανυπομονούσα να φάω. Και το έκανα. Ο μουσακάς ήταν τόσο καλός όσο πάντα - το τέλειο μείγμα μπαχαρικών και γεύσεων. Οι πατάτες ήταν τέλεια

Eine Mahlzeit auf Kreta

Die Sonne hatte gerade erst begonnen, über den Horizont zu schauen, aber die Hitze war **schon** sehr groß. Ich spürte, wie mir der Schweiß den Rücken hinunterlief, als ich mich durch die engen Gassen von Heraklion **auf den Weg** zu einem meiner Lieblingslokale auf **Kreta machte** - The Kitchen, ein kleines Restaurant, das immer voll war, egal zu welcher Tages- oder Nachtzeit. Aber das hielt mich nicht davon ab, bei jeder Gelegenheit zu versuchen, einen Tisch zu bekommen. Das Essen hier war anders als alles, was ich bisher gekostet hatte - frisch, schmackhaft und absolut köstlich.Ich kam im The Kitchen an, als es gerade öffnete, und sicherte mir schnell einen Platz in der Schlange. Innerhalb **weniger Minuten** saß ich an einem kleinen Tisch in der Nähe des **Fensters** und wartete sehnsüchtig auf mein Essen.

Die **Kellnerin** kam kurz nach mir und trug ein großes Tablett mit Essen. Sie **stellte** einen großen Teller mit Moussaka vor mich hin, zusammen mit einem griechischen Salat und Fladenbrot. Ich konnte es kaum erwarten, loszulegen. Und das tat ich auch. Die Moussaka war so gut wie immer - die perfekte

ψημένες και ο κιμάς ήταν ζουμερός και γευστικός. Αλλά ήταν η **μελιτζάνα** που πραγματικά ξεχώρισα αυτή τη φορά - ήταν τόσο τρυφερή και **κρεμώδης**, που σχεδόν έλιωνε στο στόμα μου. Καθώς τελείωνα το γεύμα μου, δεν μπορούσα να μην παρατηρήσω την **αναστάτωση που επικρατούσε** έξω. Μια μεγάλη ομάδα ανθρώπων είχε συγκεντρωθεί στο δρόμο και φώναζε κάτι στα ελληνικά. Δεν μπορούσα να καταλάβω τι έλεγαν, αλλά ακουγόταν σαν να ήταν θυμωμένοι για κάτι.

Η σερβιτόρα ήρθε στο τραπέζι μου και μου **εξήγησε ότι γινόταν** μια διαμαρτυρία - κάποιοι από τους ντόπιους ήταν αναστατωμένοι με την εισροή τουριστών τα τελευταία χρόνια. Πίστευαν ότι πάρα πολλοί άνθρωποι έρχονταν στην Κρήτη και κατέστρεφαν τον παραδοσιακό τρόπο ζωής της. Μπορούσα να καταλάβω την άποψή τους, αλλά την ίδια στιγμή, μου άρεσε να **εξερευνώ** νέα μέρη και να γνωρίζω νέους ανθρώπους. Αυτός ήταν ένας από τους λόγους για τους οποίους είχα έρθει στην Κρήτη εξ αρχής - για να **γνωρίσω** έναν διαφορετικό πολιτισμό και τρόπο ζωής. Αλλά φαινόταν ότι αυτοί οι διαδηλωτές δεν ήθελαν να έχει κανείς άλλος αυτή την ευκαιρία. Αφού πλήρωσα το λογαριασμό μου και αποχαιρέτησα τη σερβιτόρα, αποφάσισα να πάω να ελέγξω τη διαμαρτυρία. Ήθελα να δω τι ήταν όλη αυτή η φασαρία.

Mischung aus Gewürzen und Aromen. Die Kartoffeln waren perfekt gegart, und das Hackfleisch war saftig und schmackhaft. Aber dieses Mal war es die **Aubergine**, die mir besonders gut schmeckte - sie war so zart und **cremig**, dass sie mir fast auf der Zunge zerging. Als ich mit dem Essen fertig war, konnte ich nicht umhin, die **Aufregung** draußen zu bemerken. Eine große Gruppe von Menschen hatte sich auf der Straße versammelt und rief etwas auf Griechisch. Ich konnte nicht verstehen, was sie sagten, aber es klang so, als wären sie über irgendetwas verärgert.

Die Kellnerin kam zu meinem Tisch und **erklärte mir**, dass ein Protest im Gange sei - einige der Einheimischen seien über den Zustrom von Touristen in den letzten Jahren verärgert. Sie waren der Meinung, dass zu viele Menschen nach Kreta kämen und die traditionelle Lebensweise ruinierten. Ich konnte ihren Standpunkt nachvollziehen, aber gleichzeitig liebte ich es, neue Orte **zu erkunden** und neue Menschen kennen zu lernen. Das war einer der Gründe, warum ich überhaupt nach Kreta gekommen war - um eine andere Kultur und Lebensweise **kennenzulernen**. Aber es schien, als ob diese Demonstranten nicht wollten, dass jemand anderes diese Gelegenheit bekommt. Nachdem ich meine Rechnung bezahlt und mich von der Kellnerin verabschiedet hatte, beschloss ich, mir den Protest anzuschauen. Ich wollte sehen, worum es bei der ganzen Aufregung ging.

Anlama Soruları

1. Ποιο είναι το όνομα του εστιατορίου;

2. Τι ώρα της ημέρας ήταν όταν ο πρωταγωνιστής έφτασε στο εστιατόριο;

3. Ποιο ήταν το αγαπημένο πιάτο του πρωταγωνιστή;

4. Ποιο συνοδευτικό πιάτο συνοδεύει τον μουσακά;

5. Ποια ήταν η γνώμη του πρωταγωνιστή για τη μελιτζάνα στον μουσακά;

6. Ποια ήταν η φασαρία που παρατήρησε ο πρωταγωνιστής έξω από το εστιατόριο;

7. Τι διαμαρτύρονταν οι ντόπιοι;

8. Γιατί ο πρωταγωνιστής ήθελε να μιλήσει στους διαδηλωτές;

Fragen zum Verständnis

1. Wie lautet der Name des Restaurants?

2. Zu welcher Tageszeit kam der Protagonist im Restaurant an?

3. Was war das Lieblingsgericht des Protagonisten?

4. Welche Beilage gab es zum Moussaka?

5. Was hält der Protagonist von den Auberginen in der Moussaka?

6. Was für einen Aufruhr hat der Protagonist vor dem Restaurant bemerkt?

7. Wogegen protestierten die Einheimischen?

8. Warum wollte der Protagonist mit den Demonstranten sprechen?

Απόγευμα στην Ολυμπία

Ο ήλιος έβγαινε και ο ουρανός ήταν γαλάζιος καθώς **περπατούσα** στο δρόμο της Ολυμπίας. Ο αέρας ήταν ζεστός και ένα ελαφρύ αεράκι έπνεε στην πόλη. Μπορούσα να μυρίσω τη φρεσκάδα της **άνοιξης** στον αέρα. Ένιωθα ευτυχισμένη και ικανοποιημένη καθώς περπατούσα, απολαμβάνοντας όλα τα αξιοθέατα και τους ήχους αυτής της όμορφης πόλης. **Σταμάτησα σε** μια καφετέρια για μεσημεριανό γεύμα και κάθισα έξω για να απολαύσω το γεύμα μου. Καθώς έτρωγα, παρακολουθούσα τον κόσμο και απολάμβανα όλη τη φασαρία της ζωής της πόλης γύρω μου. Μετά το μεσημεριανό γεύμα, περιπλανήθηκα λίγο ακόμα, κάνοντας ψώνια στις βιτρίνες και απολαμβάνοντας την παρουσία μου σε εξωτερικούς χώρους σε μια τόσο όμορφη μέρα. **Τελικά**, άρχισε να γίνεται αργά το απόγευμα και ο ήλιος άρχισε να βυθίζεται χαμηλότερα στον ουρανό. Αποφάσισα να επιστρέψω στο σπίτι, αλλά όχι πριν **σταματήσω σε** ένα παγωτατζίδικο για μια μικρή λιχουδιά! Την επόμενη μέρα, ξύπνησα νωρίς και αποφάσισα να εξερευνήσω λίγο ακόμα την Ολυμπία. Περπάτησα μέχρι την προκυμαία και απόλαυσα τη θέα των βουνών στο βάθος. Στη συνέχεια **περιπλανήθηκα** σε μερικές από τις γειτονιές, θαυμάζοντας όλα τα

Nachmittag in Olympia

Die Sonne schien und der Himmel war blau, als ich die Straße in Olympia entlangging. Die Luft war warm und es wehte eine leichte Brise durch die Stadt. Ich konnte die Frische des **Frühlings** in der Luft riechen. Ich fühlte mich glücklich und zufrieden, als ich durch die Straßen schlenderte und alle Sehenswürdigkeiten und Geräusche dieser schönen Stadt in mich aufnahm. Zum Mittagessen hielt ich an einem Café an und setzte mich nach draußen, um mein Essen zu genießen. Während ich aß, beobachtete ich die Leute und genoss das bunte Treiben in der Stadt. Nach dem Mittagessen schlenderte ich weiter durch die Stadt, machte Schaufensterbummel und genoss es, an einem so schönen Tag im Freien zu sein. **Schließlich wurde** es später Nachmittag, und die Sonne begann, tiefer am Himmel zu stehen. Ich beschloss, mich auf den Heimweg zu machen, aber nicht, ohne vorher noch in einer Eisdiele **anzuhalten**, um mir etwas zu gönnen! Am nächsten Tag wachte ich früh auf und beschloss, Olympia noch ein wenig zu erkunden. Ich spazierte zur Uferpromenade und genoss den Blick auf die Berge in der Ferne. Dann **schlenderte ich** durch einige Stadtteile und bewunderte all die schönen alten Häuser.

όμορφα παλιά σπίτια.

Τελικά, επέστρεψα στο κέντρο της πόλης και έκανα μερικά ακόμα **ψώνια**. Αγόρασα μερικά **σουβενίρ** για τους φίλους μου στην πατρίδα πριν φάω κάτι σε ένα χαριτωμένο μικρό καφέ. Μετά το γεύμα, περπάτησα για λίγο ακόμα, απολαμβάνοντας τα πάντα, προτού επιστρέψω στο σπίτι μου. Πέρασα υπέροχα εξερευνώντας την Ολυμπία και ανυπομονώ να ξαναπάω σύντομα! Είμαι τόσο χαρούμενη που αποφάσισα να περάσω μερικές μέρες στην Ολυμπία! Είναι μια τόσο **όμορφη** και γοητευτική πόλη. Μου άρεσε πολύ να εξερευνώ όλες τις διαφορετικές **γειτονιές** και τα καταστήματα. Και το φαγητό ήταν **καταπληκτικό**! Νομίζω ότι το αγαπημένο μου μέρος στην Ολυμπία, όμως, είναι να κάθομαι στην προκυμαία και να βλέπω τις βάρκες να περνούν. Υπάρχει κάτι τόσο ειρηνικό σε αυτό. Σίγουρα θα μπορούσα να φανταστώ τον εαυτό μου να περνάει περισσότερο χρόνο εδώ στο μέλλον.

Ξύπνησα από τον ήχο των πουλιών **που κελαηδούσαν** έξω από το παράθυρό μου. Ο ήλιος μόλις ξεπρόβαλλε από τον ορίζοντα, ρίχνοντας μια ροζ και πορτοκαλί λάμψη στον ουρανό. Χασμουρήθηκα και τεντώθηκα πριν σηκωθώ από το κρεβάτι. Είχα άλλη μια γεμάτη μέρα εξερεύνησης της Ολυμπίας μπροστά μου! Μετά το **πρωινό**, ξεκίνησα και πάλι με τα πόδια, περιπλανώμενη Ο ήλιος είχε βγει και ο ουρανός ήταν γαλάζιος καθώς περπατούσα στο δρόμο της Ολυμπίας.

Schließlich machte ich mich auf den Weg zurück in die Innenstadt und ging noch ein wenig **shoppen**. Ich kaufte ein paar **Souvenirs** für Freunde zu Hause, bevor ich in einem süßen kleinen Café einen Happen essen ging. Nach dem Mittagessen bin ich noch eine Weile herumgelaufen und habe alles in mich aufgenommen, bevor ich mich wieder auf den Heimweg gemacht habe. Es hat mir so viel Spaß gemacht, Olympia zu erkunden, und ich kann es kaum erwarten, bald wieder dorthin zu fahren! Ich bin so froh, dass ich mich entschlossen habe, ein paar Tage in Olympia zu verbringen! Es ist eine so **schöne** und charmante Stadt. Ich habe es geliebt, all die verschiedenen **Stadtteile** und Geschäfte zu erkunden. Und das Essen war **fantastisch**! Am besten hat mir Olympia allerdings gefallen, wenn ich einfach am Wasser saß und den vorbeifahrenden Booten zusah. Es hat etwas so Friedliches an sich. Ich könnte mir gut vorstellen, in Zukunft mehr Zeit hier zu verbringen.

Als ich aufwachte, hörte ich die Vögel vor meinem Fenster **zwitschern**. Die Sonne lugte gerade über den Horizont und warf ein rosa-oranges Licht in den Himmel. Ich gähnte und streckte mich, bevor ich aus dem Bett stieg. Ich hatte noch einen ganzen Tag vor mir, um Olympia zu erkunden! Nach dem **Frühstück machte ich mich** wieder zu Fuß auf den Weg. Die Sonne schien und der Himmel war blau, als ich die Straße in Olympia entlanglief.

Anlama Soruları

1. Τι εποχή του χρόνου αναφέρεται στο κείμενο;

2. Πώς ήταν ο καιρός;

3. Τι έκανε ο πρωταγωνιστής μετά το γεύμα;

4. Ποια ήταν η γνώμη του πρωταγωνιστή για την πόλη;

5. Ποιο ήταν το αγαπημένο μέρος της πόλης για τον πρωταγωνιστή;

6. Τι έκανε ο πρωταγωνιστής την επόμενη μέρα;

7. Τι έφαγε ο πρωταγωνιστής για πρωινό;

8. Ποιο ήταν το σχέδιο του πρωταγωνιστή για την ημέρα;

9. Τι σκέφτηκε ο πρωταγωνιστής για την πόλη τη δεύτερη μέρα;

Fragen zum Verständnis

1. Um welche Jahreszeit geht es in dem Text?

2. Wie war das Wetter?

3. Was hat der Protagonist nach dem Mittagessen gemacht?

4. Was hält der Protagonist von der Stadt?

5. Was war der Lieblingsort des Protagonisten in der Stadt?

6. Was hat der Protagonist am nächsten Tag getan?

7. Was hat der Protagonist zum Frühstück gegessen?

8. Was war der Plan des Protagonisten für den Tag?

9. Was dachte der Protagonist am zweiten Tag über die Stadt?

Η Ακρόπολη

Ο ήλιος **έπεφτε** πάνω στα αρχαία ερείπια της Ακρόπολης, κάνοντας τους πέτρινους τοίχους να είναι καυτοί στην αφή. Ο αέρας ήταν ακίνητος και σκονισμένος, και δεν υπήρχε ψυχή στον ορίζοντα. Ένιωσα σαν να είχα γυρίσει πίσω στο χρόνο καθώς περιπλανιόμουν στους άδειους **δρόμους**, φανταζόμενος πώς πρέπει να ήταν όταν αυτό το μέρος ήταν γεμάτο ζωή. Σταμάτησα σε έναν από τους ναούς και ανέβηκα στην κορυφή των σκαλοπατιών του. Από εδώ, μπορούσα να δω για μίλια προς κάθε **κατεύθυνση**. Η θέα **έκοβε την ανάσα**, αλλά ήταν και παράξενα γαλήνια. Ένιωθα ωραία να περιβάλλομαι από ιστορία και να ξέρω ότι στεκόμουν σε ένα μέρος που είχε δει τόσα πολλά στο πέρασμα των αιώνων. Καθώς καθόμουν εκεί και τα απολάμβανα όλα αυτά, άκουσα έναν θόρυβο από κάτω μου. Ακουγόταν σαν κάποιος να έκλαιγε. Από περιέργεια, κατέβηκα από τη **θέση μου** και ακολούθησα τον ήχο μέχρι που έφτασα σε μια μικρή **εσοχή** όπου μια γυναίκα καθόταν στο έδαφος με το κεφάλι της στα χέρια. Κεφάλαιο 2

Η **γυναίκα** κοίταξε όταν πλησίασα και είδα ότι έκλαιγε. Τα μάτια της ήταν κόκκινα και πρησμένα και τα μάγουλά της ήταν βρεγμένα από τα δάκρυα. Έμοιαζε σαν να

Die Akropolis

Die Sonne **brannte** auf die antiken Ruinen der Akropolis, sodass sich die Steinmauern heiß anfühlten. Die Luft war still und staubig, und es war keine Menschenseele in Sicht. Ich fühlte mich in die Vergangenheit zurückversetzt, als ich durch die leeren **Straßen** schlenderte und mir vorstellte, wie es gewesen sein muss, als dieser Ort noch voller Leben war. Ich blieb an einem der Tempel stehen und stieg die Stufen hinauf. Von hier aus konnte ich kilometerweit in alle **Richtungen** sehen. Die Aussicht war **atemberaubend**, aber auch seltsam friedlich. Es war ein gutes Gefühl, von Geschichte umgeben zu sein und zu wissen, dass ich an einem Ort stand, der im Laufe der Jahrhunderte so viel gesehen hatte. Während ich so dasaß und alles in mich aufnahm, hörte ich ein Geräusch, das von unten kam. Es hörte sich an, als ob jemand weinen würde. Neugierig kletterte ich von meiner **Sitzstange** herunter und folgte dem Geräusch, bis ich zu einer kleinen **Nische** kam, in der eine Frau mit dem Kopf in den Händen auf dem Boden saß. Kapitel 2

Die **Frau** blickte auf, als ich mich ihr näherte, und ich konnte sehen, dass sie weinte. Ihre Augen waren rot und geschwollen, und ihre Wangen waren nass von

είχε περάσει πολλά τελευταία. "Είσαι καλά;" ρώτησα απαλά, χωρίς να είμαι σίγουρος αν έπρεπε να εισβάλω στην ιδιωτική της ζωή ή όχι. Μύρισε και σκούπισε το πρόσωπό της με το **μανίκι του** φορέματός της. "Είμαι καλά", είπε, αλλά ήταν **προφανές** ότι δεν έλεγε την αλήθεια. "Απλώς... αυτό το μέρος είναι τόσο όμορφο, αλλά και τόσο θλιβερό". Έκανε μια χειρονομία στα ερείπια της Ακρόπολης γύρω μας. "Μου **θυμίζει** πως όλα καταρρέουν τελικά".

"Αλλά ακόμα κι αν τα πράγματα καταρρέουν, μπορούν επίσης να ξαναχτιστούν", είπα απαλά, σκεπτόμενος όλες τις φορές στη δική μου ζωή που τα πράγματα δεν είχαν πάει σύμφωνα με το σχέδιο, αλλά είχα καταφέρει να ξανασηκωθώ, **παρ' όλα αυτά**. "Αυτό το μέρος είναι μια **απόδειξη** γι' αυτό". Η **γυναίκα** έγνεψε αργά, δείχνοντας να παίρνει κατάκαρδα τα λόγια μου. "Έχεις δίκιο", είπε μετά από λίγο. "Πάντα υπάρχει ελπίδα για κάτι καινούργιο". Με αυτά τα λόγια, σηκώθηκε και σκούπισε το φόρεμά της. Στη συνέχεια, χωρίς άλλη λέξη, απομακρύνθηκε από κοντά μου σε έναν από τους αρχαίους δρόμους της Ακρόπολης, αφήνοντάς με για άλλη μια φορά μόνο μου με μόνη συντροφιά τις σκέψεις μου. Κάθισα εκεί για λίγο ακόμα, αφήνοντας τα λόγια της να εντρυφήσουν στο μυαλό μου. Είχε δίκιο - παρόλο που η Ακρόπολη ήταν ερειπωμένη, εξακολουθούσε να είναι ένα καταπληκτικό μέρος.

Tränen. Sie sah aus, als hätte sie in letzter Zeit viel durchgemacht. "Geht es dir gut?" fragte ich sanft, nicht sicher, ob ich in ihre Privatsphäre eindringen sollte oder nicht. Sie schniefte und wischte sich mit dem **Ärmel** ihres Kleides über das Gesicht. "Mir geht es gut", sagte sie, aber es war **offensichtlich,** dass sie nicht die Wahrheit sagte. "Es ist nur ... dieser Ort ist so schön, aber auch so traurig." Sie deutete auf die Ruinen der Akropolis um uns herum. "Es **erinnert** mich daran, wie alles irgendwann auseinanderfällt."

"Aber auch wenn Dinge auseinanderfallen, können sie wieder aufgebaut werden", sagte ich leise und dachte an all die Zeiten in meinem eigenen Leben, in denen die Dinge nicht nach Plan gelaufen waren, ich es aber **trotzdem** geschafft hatte, mich wieder aufzurappeln. "Dieser Ort ist ein **Beweis dafür.**" Die **Frau** nickte langsam und schien sich meine Worte zu Herzen zu nehmen. "Sie haben Recht", sagte sie nach einem Moment. "Es gibt immer Hoffnung auf etwas Neues." Mit diesen Worten stand sie auf und streifte ihr Kleid ab. Dann ging sie ohne ein weiteres Wort von mir weg, eine der alten Straßen der Akropolis hinunter, und ließ mich wieder allein mit meinen Gedanken zurück. Ich saß noch eine Weile da und ließ ihre Worte auf mich wirken. Sie hatte Recht - auch wenn die Akropolis in Trümmern lag, war sie immer noch ein erstaunlicher Ort.

Anlama Soruları

1. Τι βλέπει ο πρωταγωνιστής από την κορυφή του ναού;

2. Πώς αισθάνεται ο πρωταγωνιστής για τα αρχαία ερείπια;

3. Ποιον συναντά ο πρωταγωνιστής στην εσοχή;

4. Γιατί κλαίει η γυναίκα στην εσοχή;

5. Τι λέει ο πρωταγωνιστής στη γυναίκα;

6. Πώς αντιδρά η γυναίκα στα λόγια του πρωταγωνιστή;

7. Πού πηγαίνει η γυναίκα αφού αφήσει τον πρωταγωνιστή;

8. Τι κάνει ο πρωταγωνιστής αφού φύγει η γυναίκα;

Fragen zum Verständnis

1. Was sieht der Protagonist von der Spitze des Tempels aus?

2. Was denkt der Protagonist über die alten Ruinen?

3. Wen trifft der Protagonist in der Nische?

4. Worüber weint die Frau in der Nische?

5. Was sagt der Protagonist zu der Frau?

6. Wie reagiert die Frau auf die Worte des Protagonisten?

7. Wohin geht die Frau, nachdem sie den Protagonisten verlassen hat?

8. Was tut der Protagonist, nachdem die Frau gegangen ist?

Όρος Όλυμπος

Ο ήλιος μόλις είχε αρχίσει να ξεπροβάλλει από τον **ορίζοντα**, ρίχνοντας μια ροζ και πορτοκαλί λάμψη στον ουρανό. Τα πουλιά κελαηδούσαν και το αεράκι φυσούσε απαλά ανάμεσα στα δέντρα. Ήταν μια όμορφη μέρα. Ο Όλυμπος φαινόταν στο **βάθος**, με την κορυφή του να **καλύπτεται** από σύννεφα. Λέγεται ότι ο Δίας, ο βασιλιάς των θεών, ζούσε στην κορυφή του Ολύμπου. Κάποιοι έλεγαν ότι μπορούσε να ελέγχει τον καιρό και ότι προκαλούσε καταιγίδες όταν θύμωνε. Άλλοι έλεγαν ότι ήταν ευγενικός και **καλοπροαίρετος** και βοηθούσε όσους είχαν ανάγκη. Κανείς δεν ήξερε με σιγουριά γιατί κανείς δεν είχε πάει ποτέ στον Όλυμπο και δεν είχε επιστρέψει για να διηγηθεί την ιστορία.

Σήμερα, όμως, κάποιος θα έκανε το ταξίδι στον Όλυμπο: μια νεαρή γυναίκα, η Σάρα, η οποία είχε χάσει πρόσφατα τον σύζυγό της σε ένα τραγικό ατύχημα. Ήθελε απαντήσεις από τον Δία- ήθελε να μάθει γιατί συνέβη αυτό και τι θα μπορούσε να κάνει για να μην ξανασυμβεί. Έτσι, με **αποφασιστικότητα** στην καρδιά της, η Σάρα ξεκίνησε την ανάβασή της στον Όλυμπο. Όσο πλησίαζε η Σάρα στον **Όλυμπο**, τόσο περισσότερο συνειδητοποιούσε πόσο τρομακτικό ήταν το έργο που είχε μπροστά της. Το βουνό ήταν τεράστιο και δεν είχε ιδέα από πού να ξεκινήσει την αναρρίχηση.

Berg Olympus

Die Sonne hatte gerade begonnen, über den **Horizont** zu schauen, und warf einen rosafarbenen und orangefarbenen Schimmer über den Himmel. Die Vögel sangen, und der Wind wehte sanft durch die Bäume. Es war ein wunderschöner Tag. In der **Ferne** ragte der Olymp auf, dessen Gipfel in Wolken **gehüllt war**. Es heißt, dass Zeus, der König der Götter, auf dem Olymp lebte. Manche sagten, dass er das Wetter kontrollieren konnte und Stürme verursachte, wenn er wütend war. Andere sagten, er sei gütig und **wohlwollend** und würde denen helfen, die in Not sind. Niemand wusste es genau, denn niemand war jemals auf dem Olymp gewesen und zurückgekehrt, um davon zu berichten.

Aber heute würde jemand die Reise auf den Olymp antreten: eine junge Frau namens Sarah, die kürzlich ihren Mann bei einem tragischen Unfall verloren hatte. Sie wollte Antworten von Zeus; sie musste wissen, warum dies geschah und was sie tun konnte, um zu verhindern, dass es sich wiederholte. **Entschlossen** begann Sarah ihren Aufstieg auf den Olymp. Je näher Sarah dem **Olymp** kam, desto mehr wurde ihr bewusst, wie gewaltig die Aufgabe war, die vor ihr lag. Der Berg war riesig, und sie hatte keine Ahnung, wo sie mit dem Klettern anfangen sollte. Aber sie weigerte

Αλλά αρνήθηκε να τα παρατήσει- ο σύζυγός της άξιζε κάτι καλύτερο από αυτό. Έτσι, η Σάρα συνέχισε να προχωρά, αναζητώντας έναν τρόπο να ανέβει στο βουνό. Περιπλανιόταν για ώρες, **γρατζουνιόταν** από κλαδιά και σκόνταφτε σε βράχους. Αλλά τελικά βρήκε ένα μονοπάτι που φαινόταν να οδηγεί προς τα πάνω. Το ακολούθησε με ανυπομονησία, ελπίζοντας ότι θα την οδηγούσε στον Δία. Το μονοπάτι ήταν μακρύ και **δαιδαλώδες,** αλλά η Σάρα επέμενε. Δεν ήταν σίγουρη για πόσο ακόμα θα μπορούσε να συνεχίσει χωρίς φαγητό ή νερό, αλλά δεν ήθελε να γυρίσει πίσω τώρα. Τελικά, μετά από μέρες περπατήματος, η Σάρα έφτασε στην κορυφή του Ολύμπου. Και εκεί ήταν: Ο ίδιος ο Δίας, καθισμένος στο θρόνο του με έναν κεραυνό στο χέρι.

Η Σάρα πλησίασε τον Δία με προσοχή. Δεν ήξερε τι να περιμένει, αλλά ήξερε ότι έπρεπε να πει τη γνώμη της. "Δία", άρχισε, "ήρθα εδώ επειδή χρειαζόμουν απαντήσεις. Ο σύζυγός μου έχασε τη ζωή του σε ένα τραγικό **ατύχημα** και θέλω να μάθω γιατί **συνέβη** και τι μπορώ να κάνω για να μην ξανασυμβεί. " Ο Δίας κοίταξε τη Σάρα με οίκτο στα μάτια του. Μπορούσε να δει τον πόνο και την ταλαιπωρία που ήταν χαραγμένα στο πρόσωπό της. "Παιδί μου", είπε απαλά, "δεν υπάρχει εύκολη απάντηση στο ερώτημά σου. Μερικές φορές τα άσχημα πράγματα συμβαίνουν χωρίς κανένα λόγο.

sich, aufzugeben; ihr Mann hatte etwas Besseres als das verdient. Also ging Sarah weiter und suchte nach einem Weg den Berg hinauf. Sie wanderte stundenlang, wurde von Ästen **zerkratzt** und stolperte über Felsen. Doch schließlich fand sie einen Pfad, der nach oben zu führen schien. Eifrig folgte sie ihm, in der Hoffnung, dass er sie zu Zeus führen würde. Der Weg war lang und **kurvenreich**, aber Sarah blieb hartnäckig. Sie war sich nicht sicher, wie lange sie noch ohne Nahrung und Wasser weitergehen konnte, aber sie wollte jetzt nicht umkehren. Endlich, nach gefühlten Tagen, erreichte Sarah den Gipfel des Olymps. Und da war er: Zeus selbst, der auf seinem Thron saß und einen Blitz in der Hand hielt.

Sarah näherte sich Zeus behutsam. Sie war sich nicht sicher, was sie erwarten würde, aber sie wusste, dass sie ihre Meinung sagen musste. "Zeus", begann sie, "ich bin hierher gekommen, weil ich Antworten brauche. Mein Mann ist bei einem tragischen **Unfall** ums Leben gekommen, und ich möchte wissen, warum das **passiert ist** und was ich tun kann, damit so etwas nicht noch einmal passiert. "Zeus blickte mit Mitleid in seinen Augen auf Sarah herab. Er konnte den Schmerz und das Leid in ihrem Gesicht sehen. "Mein Kind", sagte er sanft, "es gibt keine einfache Antwort auf deine Frage. Manchmal passieren schlimme Dinge ohne jeglichen Grund.

Anlama Soruları

1. Ποιο ήταν το όνομα του συζύγου της Σάρας;

2. Πώς ένιωσε η Σάρα όταν έφτασε στην κορυφή του Ολύμπου;

3. Τι είπε ο Δίας στη Σάρα για τον σύζυγό της;

4. Γιατί η Σάρα ήθελε να μιλήσει στον Δία;

5. Τι είπε ο Δίας για τα κακά πράγματα που συμβαίνουν;

6. Πού βρίσκεται ο Όλυμπος;

7. Πώς λέγεται ότι είναι ο καιρός στον Όλυμπο;

8. Τι έκανε η Σάρα όταν δεν μπορούσε να βρει τρόπο να ανέβει στο βουνό;

9. Πώς ήταν το μονοπάτι που βρήκε η Σάρα;

Fragen zum Verständnis

1. Wie hieß der Mann von Sarah?

2. Wie fühlte sich Sarah, als sie den Gipfel des Olymps erreichte?

3. Was sagte Zeus zu Sarah über ihren Mann?

4. Warum wollte Sarah mit Zeus sprechen?

5. Was hat Zeus darüber gesagt, dass schlechte Dinge passieren?

6. Wo befindet sich der Berg Olympus?

7. Wie soll das Wetter auf dem Berg Olympus sein?

8. Was tat Sarah, als sie den Weg auf den Berg nicht finden konnte?

9. Wie sah der Weg aus, den Sarah fand?

Στην παραλία

Μετά την ανατολή του ήλιου, τα κύματα είναι πιο δυνατά και η άμμος πάνω από την παλίρροια είναι λευκή. Κατεβαίνω στην παραλία, **θαυμάζοντας** τη θάλασσα και τον ήλιο. Τα δάχτυλα των ποδιών μου αισθάνονται τα αυλάκια των κοχυλιών. Η άμμος είναι κρύα στα δάχτυλα των ποδιών μου. Χαμογελάω και συνεχίζω. Η παλίρροια είναι υψηλή, οπότε πρέπει να προσέχω να μην με τραβήξει μέσα. Περπατάω κατά μήκος της άκρης του νερού, θαυμάζοντας τη θάλασσα. Η ανατολή του ήλιου είναι **πανέμορφη** και τα κύματα σκάνε. Νιώθω τόσο γαλήνια. Έρχομαι σε ένα σημείο όπου υπάρχει μια βραχώδης προεξοχή. Κάθομαι και παρακολουθώ τα κύματα. Το νερό είναι τόσο γαλάζιο και ο ουρανός τόσο **πορτοκαλί**. Νιώθω σαν να βρίσκομαι σε όνειρο. Κλείνω τα μάτια μου και απλά ακούω τα κύματα. Κάθισα εκεί για πολλή ώρα, μέχρι που άκουσα κάποιον να φωνάζει το όνομά μου.

Ανοίγω τα μάτια μου και βλέπω τη μαμά μου να έρχεται προς το μέρος μου. Έχει ένα ανήσυχο βλέμμα στο πρόσωπό της. Χαμογελάω και χαιρετάω και εκείνη **χαλαρώνει**. "Αναρωτιόμουν πού πήγες", λέει. "Χαίρομαι που απολαμβάνεις την παραλία". Της απαντάω: "Ναι, χαίρομαι". "Είναι τόσο όμορφα εδώ". "Το ξέρω", λέει. "Όταν ήμουν στην ηλικία σου, ερχόμουν συνέχεια

Am Strand

Nach Sonnenaufgang sind die Wellen lauter und der Sand über der Flut ist weiß. Ich gehe hinunter zum Strand, **bewundere** das Meer und die Sonne. Meine Zehen spüren die Rillen der Muscheln. Der Sand ist kalt an meinen Zehen. Ich lächle und gehe weiter. Die Flut ist hoch, also muss ich aufpassen, dass ich nicht hineingezogen werde. Ich laufe am Ufer entlang und bewundere das Meer. Der Sonnenaufgang ist **wunderschön**, und die Wellen plätschern. Ich fühle mich so friedlich. Ich komme zu einer Stelle, an der ein Felsvorsprung steht. Ich setze mich hin und beobachte die Wellen. Das Wasser ist so blau und der Himmel ist so **orange**. Ich fühle mich wie in einem Traum. Ich schließe die Augen und lausche einfach nur den Wellen. Ich saß lange Zeit dort, bis ich hörte, wie jemand meinen Namen rief.

Ich öffne meine Augen und sehe meine Mutter auf mich zukommen. Sie hat einen besorgten Ausdruck im Gesicht. Ich lächle und winke, und sie **entspannt sich**. "Ich habe mich schon gefragt, wo du bist", sagt sie. "Ich freue mich, dass du den Strand genießt." Ich antworte: "Das tue ich." "Es ist so schön hier." "Ich weiß", sagt sie. "Als ich in deinem Alter war, bin ich ständig hierhergekommen." "Wirklich?" frage ich. "Ja",

εδώ". "Αλήθεια;" Ρωτάω. "Ναι", απαντάει. "Είναι ένα ξεχωριστό μέρος." "Γνώρισες ποτέ κάποιον ξεχωριστό εδώ;" Ρωτάω. "Ναι", απαντάει χαμογελώντας. "Τον πατέρα σου." "Αλήθεια;" Λέω **έκπληκτος**. "Ναι", λέει. "Συνηθίζαμε να ερχόμαστε εδώ όλη την ώρα μαζί. Εδώ ερωτευτήκαμε. " Χαμογελάω, **φαντάζομαι** τους γονείς μου να ερωτεύονται σε αυτή την όμορφη παραλία. "Είναι ένα ξεχωριστό μέρος", επαναλαμβάνει. "Χαίρομαι που ήρθες εδώ σήμερα".

Καθόμαστε εκεί για λίγο ακόμα, **παρακολουθώντας** τα κύματα και το ηλιοβασίλεμα. Μετά σηκωνόμαστε και επιστρέφουμε στις πετσέτες μας στην παραλία. Ξαπλώνω και κοιτάζω τα αστέρια. Νιώθω τόσο ευτυχισμένη και ικανοποιημένη. Τα κύματα είναι πιο δυνατά τώρα, και η άμμος είναι κρύα. Ο ήλιος δύει και φυσάει ένα δροσερό αεράκι. Τα κύματα σκάνε στην ακτή και η μυρωδιά του αλατιού είναι στον αέρα. Είναι ένα τέλειο βράδυ για να βρίσκεσαι στην παραλία. Περπατάω κατά μήκος της ακτής, **ακούγοντας τον** ήχο των κυμάτων και παρακολουθώντας το ηλιοβασίλεμα. Βλέπω μια ομάδα ανθρώπων να κάθεται στην άμμο, να γελούν και να αστειεύονται. Φαίνεται να περνούν πολύ καλά. Τους πλησιάζω και τους ρωτάω αν μπορώ να τους κάνω παρέα. Μου λένε ναι και περνάμε το υπόλοιπο της βραδιάς μιλώντας, γελώντας και βλέποντας το **ηλιοβασίλεμα**.

antwortet sie. "Es ist ein besonderer Ort.""Hast du hier jemals jemand Besonderen getroffen?" frage ich. "Ja", antwortet sie mit einem Lächeln. "Deinen Vater." "Wirklich?" sage ich **erstaunt**. "Ja", sagt sie. "Wir waren früher immer zusammen hier. Hier haben wir uns verliebt. "Ich lächle und **stelle mir** meine Eltern **vor, wie sie sich** an diesem schönen Strand verlieben. "Es ist ein besonderer Ort", wiederholt sie. "Ich bin froh, dass du heute hierher gekommen bist."

Wir sitzen noch eine Weile da und **beobachten** die Wellen und den Sonnenuntergang. Dann stehen wir auf und gehen zurück zu unseren Strandtüchern. Ich lege mich hin und schaue mir die Sterne an. Ich fühle mich so glücklich und zufrieden. Die Wellen sind jetzt lauter, und der Sand ist kalt. Die Sonne geht unter und eine kühle Brise weht. Die Wellen schlagen gegen das Ufer, und der Geruch von Salz liegt in der Luft. Es ist ein perfekter Abend, um am Strand zu sein. Ich spaziere am Ufer entlang, **lausche dem** Rauschen der Wellen und beobachte den Sonnenuntergang. Ich sehe eine Gruppe von Leuten, die lachend und scherzend im Sand sitzen. Sie sehen aus, als hätten sie eine tolle Zeit. Ich gehe zu ihnen hin und frage, ob ich mich zu ihnen setzen darf. Sie sagen ja, und wir verbringen den Rest des Abends damit, uns zu unterhalten, zu lachen und den **Sonnenuntergang** zu beobachten.

Anlama Soruları

1. Πού πηγαίνει η αφηγήτρια αφού ξυπνήσει;

2. Τι θαυμάζει η αφηγήτρια καθώς περπατά κατά μήκος της παραλίας;

3. Τι πρέπει να προσέχει η αφηγήτρια καθώς περπατάει στην παραλία;

4. Πού κάθεται ο αφηγητής για να απολαύσει τη θέα;

5. Πόση ώρα κάθεται εκεί ο αφηγητής;

6. Ποιον βλέπει η αφηγήτρια όταν ανοίγει ξανά τα μάτια της;

7. Τι λέει η μητέρα του αφηγητή;

8. Τι συζητούν η αφηγήτρια και οι άνθρωποι που συναντά;

Fragen zum Verständnis

1. Wohin geht die Erzählerin, nachdem sie aufgewacht ist?

2. Was bewundert die Erzählerin, während sie am Strand entlanggeht?

3. Worauf muss die Erzählerin aufpassen, wenn sie am Strand entlanggeht?

4. Wo setzt sich der Erzähler hin, um die Aussicht zu genießen?

5. Wie lange sitzt der Erzähler dort?

6. Wen sieht die Erzählerin, als sie ihre Augen wieder öffnet?

7. Was sagt die Mutter des Erzählers?

8. Worüber sprechen die Erzählerin und die Menschen, die sie trifft?

Κάμπινγκ στη λίμνη

Περπατάω προς τη λίμνη, **θαυμάζοντας** την ηρεμία της σκηνής. Ο ήλιος πέφτει πάνω στη μικρή λίμνη, κάνοντας το νερό να μοιάζει με γυάλινο φύλλο. Η μόνη κίνηση είναι ο περιστασιακός κυματισμός από ένα ψάρι που **σπάει** την επιφάνεια. Ακόμα και τα πουλιά φαίνεται να κάνουν ένα διάλειμμα από τη ζέστη, με μόνο τον ήχο των τζιτζικιών να γεμίζει τον αέρα. **Ξαφνικά**, η γαλήνη διακόπτεται από έναν δυνατό παφλασμό. Ένα μεγάλο **ψάρι** έχει πηδήξει έξω από το νερό, προσπαθώντας να πιάσει μια λιβελούλα. Το ψάρι χάνει το στόχο του και πέφτει πίσω στο νερό με έναν παφλασμό. "Ουάου", σκέφτομαι, "αυτό ήταν ένα μεγάλο ψάρι!". Κοίταξα γύρω μου για να δω αν το είδε κάποιος άλλος, αλλά δεν υπήρχε κανείς τριγύρω. Υποθέτω ότι θα πρέπει να τους το πω όταν επιστρέψω στην κατασκήνωση.

Η ζέστη είναι **αποπνικτική**, με αποτέλεσμα να δυσκολεύεσαι να αναπνεύσεις. Ο αέρας είναι πυκνός και βαρύς, σαν κουβέρτα που σε τυλίγει. Η μόνη ανακούφιση είναι το νερό. Είναι δροσερό και αναζωογονητικό, σαν ένα κρύο ποτό σε μια ζεστή μέρα. Παίρνω μια βαθιά ανάσα και βουτάω στο νερό. Η ανακούφιση είναι άμεση καθώς το δροσερό νερό με περιβάλλει. Κολυμπάω μέχρι το βυθό και μετά

Camping am See

Ich gehe auf den See zu und **bewundere** die Ruhe, die hier herrscht. Die Sonne brennt auf den kleinen See und lässt das Wasser wie eine Glasscheibe aussehen. Die einzige Bewegung ist das gelegentliche Plätschern eines Fisches, der die Oberfläche durchbricht. Selbst die Vögel scheinen sich von der Hitze zu erholen, denn nur das Zirpen der Zikaden erfüllt die Luft. **Plötzlich wird** die Ruhe durch ein lautes Plätschern unterbrochen. Ein großer **Fisch ist aus dem** Wasser gesprungen und versucht, eine Libelle zu fangen. Der Fisch verfehlt sein Ziel und fällt mit einem Platschen zurück ins Wasser. "Wow", denke ich mir, "das war ein großer Fisch!". Ich schaue mich um, um zu sehen, ob ihn noch jemand gesehen hat, aber es ist niemand da. Ich werde es ihnen wohl erzählen müssen, wenn ich zum Camp zurückkehre.

Die Hitze ist **drückend** und macht das Atmen schwer. Die Luft ist dick und schwer, wie eine Decke, die einen einhüllt. Die einzige Erleichterung bietet das Wasser. Es ist kühl und erfrischend, wie ein kaltes Getränk an einem heißen Tag. Ich atme tief ein und tauche ins Wasser ein. Die Erleichterung tritt sofort ein, als mich das kühle Wasser umgibt. Ich schwimme auf den Grund

ξαναβγαίνω στην επιφάνεια, νιώθοντας το νερό να δροσίζει το σώμα μου. Συνεχίζω να **κολυμπάω** γύρους, απολαμβάνοντας την ανάπαυλα από τη ζέστη. Μετά από λίγο, βγαίνω από το νερό και ξαπλώνω στο γρασίδι, αφήνοντας τον ήλιο να στεγνώσει το σώμα μου. Κλείνω τα μάτια μου και πέφτω για ύπνο, με τον ήχο των **τζιτζικιών** να με νανουρίζει σε βαθύ ύπνο.

Αφήνω τον ήλιο να βγάλει το νερό από το δέρμα μου. Νιώθω το δέρμα μου να κοκκινίζει, αλλά δεν με νοιάζει. Κάνω πολύ ζέστη για να με νοιάζει.Το επόμενο πράγμα που καταλαβαίνω είναι ότι ο ήλιος δύει. Ο ουρανός έχει ένα όμορφο πορτοκαλί χρώμα, με ροζ και μοβ ανταύγειες. Η ζέστη έχει φύγει, και τη θέση της έχει πάρει ένα δροσερό **αεράκι**.

Σηκώνομαι και ξαναφορώ τα ρούχα μου, νιώθοντας ανανεωμένη και αναζωογονημένη. Παίρνω μια βαθιά **ανάσα** από τον δροσερό αέρα και χαμογελάω. Είναι ωραίο να είσαι ζωντανός. Επιστρέφω με τα πόδια στην κατασκήνωση, θαυμάζοντας τον τρόπο που τα χρώματα χορεύουν στον ουρανό. Βλέπω τη φωτιά να καίει στο βάθος και μυρίζω τον καπνό στον αέρα. Χαμογελάω και **επιταχύνω** το βήμα μου. Είμαι έτοιμη να χαλαρώσω και να απολαύσω το υπόλοιπο της βραδιάς μου. Μπαίνω στο κάμπινγκ και βλέπω ότι όλοι είναι συγκεντρωμένοι γύρω από τη φωτιά. **Γελούν** και αστειεύονται και βλέπω τη φωτιά να αντανακλάται στα μάτια τους. Χαμογελάω και κάθομαι δίπλα στους φίλους μου. Είναι ωραία που επέστρεψα.

und dann wieder an die Oberfläche und spüre, wie das Wasser meinen Körper kühlt. Ich **schwimme** weiter meine Runden und genieße die Abkühlung von der Hitze. Nach einer Weile steige ich aus dem Wasser und lege mich ins Gras, damit die Sonne meinen Körper trocknen kann. Ich schließe die Augen und schlafe ein. Das **Zirpen der Zikaden** wiegt mich in einen tiefen Schlaf. Ich lasse die Sonne das Wasser aus meiner Haut brennen. Ich spüre, wie meine Haut rot wird, aber es ist mir egal. Mir ist zu heiß, als dass es mir etwas ausmachen würde, und schon geht die Sonne unter. Der Himmel färbt sich orange mit rosa und violetten Reflexen. Die Hitze ist verschwunden und wird durch eine kühle **Brise** ersetzt.

Ich stehe auf und ziehe mich wieder an, fühle mich erfrischt und verjüngt. Ich **atme** tief die kühle Luft ein und lächle. Es ist ein gutes Gefühl, lebendig zu sein. Ich laufe zurück zum Campingplatz und bewundere, wie die Farben am Himmel tanzen. In der Ferne sehe ich das Lagerfeuer brennen und kann den Rauch in der Luft riechen. Ich lächle und **beschleunige** mein Tempo. Ich bin bereit, mich zu entspannen und den Rest des Abends zu genießen. Ich betrete den Lagerplatz und sehe, dass alle um das Feuer versammelt sind. Sie **lachen** und scherzen, und ich kann sehen, wie sich das Feuer in ihren Augen spiegelt. Ich lächle und setze mich neben meine Freunde. Es ist schön, wieder hier zu sein.

Anlama Soruları

1. Πού πηγαίνει ο περιπατητής;

2. τι είδους καιρός επικρατεί;

3. Πώς μοιάζει το νερό;

4. Πώς αντιδρά ο περιπατητής στη ζέστη;

5. Τι κάνει το ψάρι;

6. Γιατί ο περιπατητής είναι μόνος του;

7. Πώς αισθάνεστε το νερό;

8. Πώς αισθάνεται ο περιπατητής μετά το κολύμπι;

9. Τι ώρα της ημέρας είναι όταν ο περιπατητής ξυπνάει;

10. Πού πηγαίνει ο περιπατητής όταν φεύγει από τον καταυλισμό;

Fragen zum Verständnis

1. Wohin geht der Wanderer?

2. Was für ein Wetter ist es?

3. Wie sieht das Wasser aus?

4. Wie reagiert der Wanderer auf die Hitze?

5. Was macht der Fisch?

6. Warum ist der Wanderer allein?

7. Wie fühlt sich das Wasser an?

8. Wie fühlt sich der Wanderer nach dem Schwimmen?

9. Zu welcher Tageszeit wacht der Wanderer auf?

10. Wohin geht der Wanderer, wenn er das Lager verlässt?

Το σπίτι

Μετακόμισα στο νέο μου σπίτι την περασμένη εβδομάδα και είμαι τόσο **ενθουσιασμένη**! Είναι πολύ μεγαλύτερο από το παλιό μου και έχει μεγάλη αυλή. Ανυπομονώ να καλέσω φίλους για μπάρμπεκιου και πάρτι. **Το αγαπημένο μου** μέρος είναι η νέα μου κρεβατοκάμαρα. Είναι τόσο μεγάλο και φωτεινό και έχω πολύ χώρο για να βάλω όλα μου τα πράγματα. Είμαι πολύ χαρούμενη με το νέο μου σπίτι και νομίζω ότι θα είμαι πολύ ευτυχισμένη εδώ. Αποφάσισα να εξερευνήσω το σπίτι λίγο περισσότερο. Ανέβηκα στον δεύτερο όροφο και άρχισα να κατευθύνομαι προς την κουζίνα, όταν είδα μια μεγάλη μαύρη αράχνη στον τοίχο! Ούρλιαξα και έτρεξα κάτω. **Φοβήθηκα** τόσο πολύ! Αλλά μετά από λίγα λεπτά, ηρέμησα και αποφάσισα να ξαναπάω επάνω. Πήγα σιγά σιγά στην κουζίνα και είδα ότι η αράχνη είχε φύγει. Ανακουφίστηκα τόσο πολύ! Κατέβηκα ξανά κάτω και αποφάσισα να βγω έξω να εξερευνήσω την **πίσω αυλή**. Ήταν τόσο μεγάλη! Δεν μπορούσα να το πιστέψω. Είδα μια κούνια στη γωνία και μια τσουλήθρα. Είδα επίσης ένα δίχτυ μπάσκετ και ένα **τραμπολίνο**. Ήμουν τόσο ενθουσιασμένη!

Ανυπομονώ να χρησιμοποιήσω όλα αυτά τα νέα πράγματα. Οι **γείτονες** ήρθαν και συστήθηκαν. Φάνηκαν πολύ καλοί και μιλήσαμε για λίγο. Με προσκάλεσαν στο μπάρμπεκιου τους το επόμενο

Das Haus

Letzte Woche bin ich in mein neues Haus eingezogen, und ich bin so **aufgeregt**! Es ist viel größer als mein altes, und es hat einen großen Garten. Ich kann es kaum erwarten, Freunde zum Grillen und für Partys einzuladen. Mein Lieblingsteil ist mein neues Schlafzimmer. Es ist so groß und hell, und ich habe jede Menge Platz, um all meine Sachen unterzubringen. Ich bin wirklich glücklich mit meinem neuen Haus und denke, dass ich hier sehr glücklich sein werde. Ich beschloss, das Haus noch ein bisschen zu erkunden. Ich ging nach oben in den zweiten Stock und machte mich auf den Weg in die Küche, als ich eine große schwarze Spinne an der Wand sah! Ich schrie auf und rannte die Treppe hinunter. Ich war so **erschrocken**! Aber nach ein paar Minuten beruhigte ich mich und beschloss, wieder nach oben zu gehen. Langsam machte ich mich auf den Weg in die Küche und sah, dass die Spinne weg war. Ich war so erleichtert! Ich ging wieder nach unten und beschloss, nach draußen zu gehen, um den **Garten zu** erkunden. Sie war so groß! Ich konnte es nicht glauben. Ich sah eine Schaukel in der Ecke und eine Rutsche. Ich sah auch ein Basketballnetz und ein **Trampolin**. Ich war so aufgeregt!

Ich kann es kaum erwarten, all diese neuen Sachen

Σαββατοκύριακο και είπα ότι θα ήθελα πολύ να έρθω. Πέρασα μια υπέροχη πρώτη εβδομάδα στο νέο μου σπίτι και είμαι ενθουσιασμένη για όλες τις νέες περιπέτειες που έρχονται. Σήμερα, θα πάω να εξερευνήσω ξανά την πίσω αυλή και να δω τι άλλο μπορώ να βρω. Ποιος ξέρει, ίσως βρω και κάποιο **θησαυρό**. Ανυπομονώ να δω τι θα φέρει η επόμενη εβδομάδα! Την επόμενη εβδομάδα, πήγα πάλι για εξερεύνηση στην πίσω αυλή και βρήκα έναν **μυστικό** κήπο. Ήταν τόσο όμορφος! Υπήρχαν παντού λουλούδια και μια μικρή λιμνούλα με ψάρια. Είδα επίσης μια κούνια που δεν είχα ξαναδεί. Ήμουν τόσο ενθουσιασμένη που βρήκα αυτόν τον μυστικό κήπο και ανυπομονώ να τον εξερευνήσω περισσότερο. Ήταν τόσο **όμορφος**!

Υπήρχαν παντού λουλούδια και μια μικρή λιμνούλα με ψάρια. Είδα επίσης μια κούνια που δεν είχα ξαναδεί. Ήμουν τόσο ενθουσιασμένη που βρήκα αυτόν τον μυστικό κήπο και ανυπομονώ να τον εξερευνήσω περισσότερο. Μου άρεσε επίσης το νέο μου δωμάτιο. Ήταν τόσο μεγάλο και φωτεινό, και υπήρχαν ήδη αφίσες των αγαπημένων μου συγκροτημάτων στους τοίχους.

zu benutzen. Die **Nachbarn** kamen vorbei und stellten sich vor. Sie schienen wirklich nett zu sein, und wir unterhielten uns eine Weile. Sie luden mich zu ihrem Grillfest am nächsten Wochenende ein, und ich sagte, dass ich gerne kommen würde. Ich hatte eine tolle erste Woche in meinem neuen Haus und freue mich auf all die neuen Abenteuer, die vor mir liegen. Heute werde ich wieder im Garten auf Entdeckungstour gehen und sehen, was ich noch alles finden kann. Wer weiß, vielleicht finde ich ja sogar einen **Schatz**. Ich kann es kaum erwarten, zu sehen, was die nächste Woche bringt! In der nächsten Woche bin ich wieder im Garten auf Entdeckungsreise gegangen und habe einen **geheimen** Garten gefunden. Er war so schön! Überall waren Blumen und ein kleiner Teich mit Fischen drin. Ich habe auch eine Schaukel gesehen, die ich vorher noch nie gesehen hatte. Ich war so aufgeregt, diesen geheimen Garten zu finden, und ich kann es kaum erwarten, ihn weiter zu erkunden. Er war so **schön**!

Überall gab es Blumen und einen kleinen Teich mit Fischen darin. Ich sah auch eine **Schaukel**, die ich vorher noch nicht gesehen hatte. Ich war so aufgeregt, diesen geheimen Garten zu finden, und ich kann es kaum erwarten, ihn weiter zu erkunden. Mein neues Zimmer hat mir auch gut gefallen. Es war so groß und hell, und an den Wänden hingen bereits Poster von meinen Lieblingsbands.

Anlama Soruları

1. Πού ζει το άτομο;

2. Πώς του αρέσει στο νέο σπίτι;

3. Ποιο είναι το αγαπημένο μέρος του ατόμου στο νέο σπίτι;

4. Τι βρήκε το άτομο στον κήπο;

5. Ποιοι είναι οι γείτονες;

6. Πώς αισθάνθηκε το άτομο τις πρώτες ημέρες στο νέο σπίτι;

7. Ποιο είναι το αγαπημένο σημείο του ατόμου στο νέο δωμάτιο;

8. Τι σκοπεύει να κάνει το άτομο αύριο;

9. Ποιο ήταν το καλύτερο μέρος της πρώτης εβδομάδας του ατόμου στο νέο σπίτι;

Fragen zum Verständnis

1. Wo wohnt die Person?

2. Wie gefällt es der Person im neuen Haus?

3. Was gefällt der Person am besten an ihrem neuen Haus?

4. Was hat die Person im Garten gefunden?

5. Wer sind die Nachbarn?

6. Wie hat sich die Person in den ersten Tagen in der neuen Wohnung gefühlt?

7. Was gefällt der Person am besten an ihrem neuen Zimmer?

8. Was plant die Person morgen zu tun?

9. Was war das Beste an der ersten Woche im neuen Haus?

Στο τρένο

Έτρεξα στο σταθμό του τρένου, αλλά άργησα πολύ.
Το τρένο είχε ήδη φύγει χωρίς εμένα. Ένιωσα τόσο
θυμωμένη και **απογοητευμένη** με τον εαυτό μου.
Σχεδίαζα να πάρω το τρένο για να επισκεφτώ τους
παππούδες μου που ζουν στην εξοχή, αλλά τώρα
θα έπρεπε να περιμένω μια ολόκληρη ώρα για το
επόμενο τρένο. Αποφάσισα αντ' αυτού να περπατήσω
για λίγο στην πόλη και προσπάθησα να ξεχάσω τη
χαμένη μου ευκαιρία. Καθώς περπατούσα, άρχισα να
ονειρεύομαι όλα τα μέρη που μπορούν να σε πάνε τα
τρένα. Ξαφνικά, δεν ήμουν πια τόσο αναστατωμένη.
Επιστρέφω στο σταθμό και δεν μπορώ παρά να
παρατηρήσω τη μεγάλη κόκκινη, άσπρη και μπλε
ατμομηχανή που έτρεχε προς το μέρος μου. Μόνο
όταν βλέπω τον **εισπράκτορα να** με χαιρετάει από το
παράθυρο, συνειδητοποιώ ότι αυτό το τρένο είναι για
μένα. Επιβιβάζομαι στο τρένο και βρίσκω τη θέση μου,
βολευόμενος σε αυτό που υπόσχεται να είναι ένα μακρύ
ταξίδι.

Καθώς βγαίνουμε από το σταθμό, δεν μπορώ παρά να
αναρωτηθώ πού θα με πάει αυτό το τρένο. Μέσα από
πράσινα **χωράφια** και πάνω από γαλάζια ποτάμια,
πέρα από βουνά και κοιλάδες, δεν ξέρω πού θα
πάει αυτό το παλιό τρένο. Καθώς η νύχτα αρχίζει να

Im Zug

Ich rannte zum Bahnhof, aber ich war zu spät. Der Zug war bereits ohne mich abgefahren. Ich war so **wütend** und **enttäuscht** von mir selbst. Ich hatte geplant, mit dem Zug meine Großeltern zu besuchen, die auf dem Land leben, aber jetzt würde ich eine ganze Stunde auf den nächsten Zug warten müssen. Ich beschloss, stattdessen eine Weile durch die Stadt zu laufen und versuchte, die verpasste Gelegenheit zu vergessen. Beim Spazierengehen begann ich von all den Orten zu **träumen, an die man mit dem Zug** gelangen kann. Plötzlich war ich nicht mehr so verärgert. Ich gehe zurück in den Bahnhof und kann nicht umhin, die große rot-weiß-blaue Lokomotive zu bemerken, die auf mich zu tuckert. Erst als ich den **Schaffner** sehe, der mir aus dem Fenster zuwinkt, wird mir klar, dass dieser Zug für mich bestimmt ist. Ich steige ein, suche mir einen Sitzplatz und mache mich auf eine lange Reise gefasst.

Als wir aus dem Bahnhof fahren, frage ich mich, wohin dieser Zug mich wohl bringen wird. Durch grüne **Felder** und über blaue Flüsse, vorbei an Bergen und Tälern - man weiß nie, wohin dieser alte Zug fahren wird. Als die Nacht hereinbricht, falle ich in einen **friedlichen** Schlaf, der von der **rhythmischen** Bewegung der Waggons auf den Gleisen unter mir eingelullt wird. Als

πέφτει, πέφτω σε έναν **ήρεμο** ύπνο, νανουρισμένος από τη **ρυθμική** κίνηση των βαγονιών στις γραμμές από κάτω. Όταν ξημερώνει ξανά, ανοίγω τα μάτια μου και διαπιστώνω ότι έχουμε φτάσει σε μια μικρή πόλη κάπου στη μέση του πουθενά. Ο ήλιος μόλις ξεπροβάλλει από τον ορίζοντα, καθώς οι ντόπιοι αρχίζουν να κυκλοφορούν στην κεντρική οδό- μοιάζει με οποιαδήποτε άλλη μέρα εδώ, εκτός από ένα πράγμα - υπάρχει μια μεγάλη πινακίδα κοντά στο δημαρχείο που γράφει "Καλώς ήρθατε στο πλοίο!". Φαίνεται ότι αυτή η μικρή πόλη μας περίμενε, παρόλο που είμαστε απλώς ένα συνηθισμένο **επιβατικό** τρένο που περνάει από εδώ στο δρόμο του για αλλού. Καθώς αφήνουμε την πόλη πίσω μας για άλλη μια φορά, τρέχοντας προς ποιος ξέρει πού θα πάμε, χαμογελάω με όλα τα φιλικά πρόσωπα που μας χαιρετούν από αυτά τα μικρά σπίτια που βρίσκονται ανάμεσα σε **αγροτικές εκτάσεις -** είναι πραγματικά εκπληκτικό πώς κάτι τόσο φαινομενικά συνηθισμένο μπορεί να φέρει τόση χαρά απλά και μόνο περνώντας από εδώ. Και μετά, φυσικά, υπάρχουν και τα **παιδιά**.

Σκύβω έξω από το παράθυρο της ατμομηχανής μου. Πάντα με κάνουν να νιώθω τόσο ευτυχισμένη με τα λαμπερά τους μάτια και τα μεγάλα τους χαμόγελα. Τους χαιρετάω δυναμικά πριν επιστρέψω στην **καμπίνα μου** και καθίσω. Ήταν ήδη μια μεγάλη μέρα, αλλά δεν έχει τελειώσει ακόμα- απομένουν ακόμα μερικές ώρες μέχρι να φτάσουμε στον τελικό μας **προορισμό**.

ich am nächsten Morgen die Augen öffne, sehe ich, dass wir in einer kleinen Stadt irgendwo im Nirgendwo angekommen sind. Die Sonne lugt gerade über den Horizont, als die Einheimischen beginnen, sich auf der Hauptstraße zu bewegen. Es sieht aus wie jeder andere Tag hier, bis auf eine Ausnahme: In der Nähe des Rathauses steht ein großes Schild mit der Aufschrift "Willkommen an Bord! Es scheint, als hätte diese kleine Stadt uns erwartet, obwohl wir nur ein gewöhnlicher Personenzug sind, der auf dem Weg zu einem anderen Ziel durchfährt. Als wir die Stadt wieder hinter uns lassen und in Richtung wer weiß wohin tuckern, lächle ich über all die freundlichen Gesichter, die uns aus den kleinen Häusern zwischen den **Feldern** zuwinken - **es ist** wirklich erstaunlich, wie etwas so scheinbar Alltägliches so viel Freude bereiten kann, wenn man einfach durchfährt. Und dann sind da natürlich noch die **Kinder**.

Ich lehne mich aus dem Fenster meiner Lokomotive. Mit ihren leuchtenden Augen und ihrem breiten Grinsen machen sie mich immer so glücklich. Ich winke ihnen energisch zu, bevor ich in mein **Abteil** zurückkehre und mich setze. Es war schon ein langer Tag, aber er ist noch nicht zu Ende; es sind noch ein paar Stunden, bis wir unser endgültiges **Ziel** erreichen. Lebens waren. Sie haben mich auf so viele Abenteuer mitgenommen, sowohl reale als auch **imaginäre**, und dafür werde ich für immer dankbar sein.

Anlama Soruları

1. Πού πηγαίνει το τρένο;

2. Ποιος ταξιδεύει με το τρένο;

3. Πότε φεύγει το τρένο;

4. Πώς επιβιβάζεται ο πρωταγωνιστής στο τρένο;

5. Από πού έρχεται το τρένο;

6. Πού πηγαίνει το τρένο μετά;

7. Πότε έφτασαν οι επιβάτες;

8. Πώς αισθάνεται ο πρωταγωνιστής όταν χάνει το τρένο;

9. Πώς αντιδρά ο οδηγός του τρένου όταν βλέπει τον πρωταγωνιστή;

Fragen zum Verständnis

1. Wohin fährt der Zug?

2. Wer reist mit dem Zug?

3. Wann fährt der Zug ab?

4. Wie kommt der Protagonist in den Zug?

5. Woher kommt der Zug?

6. Wohin fährt der Zug als nächstes?

7. Wann sind die Passagiere angekommen?

8. Wie fühlt sich der Protagonist, als er den Zug verpasst?

9. Wie reagiert der Zugführer, als er den Protagonisten sieht?

Μαγείρεμα δείπνο

Είναι 5 το απόγευμα και γυρίζω με τα πόδια από τη δουλειά. **Ανυπομονώ** να περάσω ένα ήρεμο βράδυ στο σπίτι με τον σύντροφό μου. Θα μαγειρέψουμε μαζί δείπνο και μετά θα χαλαρώσουμε για το υπόλοιπο της νύχτας. Νιώθω καλά που ξέρω ότι δεν έχω σχέδια ή υποχρεώσεις αυτό το **βράδυ**. Φτάνω στο σπίτι και ο σύντροφός μου είναι ήδη στην κουζίνα, αρχίζοντας να ετοιμάζει το δείπνο μας. Μυρίζει **καταπληκτικά** εδώ μέσα! Συζητάμε καθώς μαγειρεύουμε, ενημερώνοντας ο ένας τον άλλον για τις μέρες του και μοιραζόμαστε μικρές ιστορίες από τη ζωή μας στη δουλειά. Η κουζίνα είναι το αγαπημένο μου δωμάτιο στο διαμέρισμά μας. Λατρεύω να μαγειρεύω και ιδιαίτερα λατρεύω να μαγειρεύω με τον σύντροφό μου. Πάντα περνάμε τόσο καλά εδώ μέσα, γελώντας και αστειευόμενοι ενώ μαγειρεύουμε σαν καταιγίδα. Επιπλέον, το φαγητό είναι πάντα **απίστευτο** όταν δουλεύουμε **μαζί**.

Απόψε, θα φτιάξουμε μια από τις αγαπημένες μου συνταγές: **κοτόπουλο** παρμεζάνα. Ο σύντροφός μου ξεκινάει παναρίθοντας το κοτόπουλο, ενώ εγώ βάζω τη σάλτσα να σιγοβράζει στη **φωτιά**. Δουλεύουμε μαζί σαν μια καλολαδωμένη μηχανή, και σε λίγο το δείπνο είναι έτοιμο για σερβίρισμα. Καθόμαστε στο μικρό τραπέζι της κουζίνας μας με τα **πιάτα** γεμάτα με κοτόπουλο

Abendessen kochen

Es ist jetzt 17 Uhr und ich gehe von der Arbeit nach Hause. Ich freue **mich** auf einen ruhigen Abend zu Hause mit meinem Partner. Wir werden gemeinsam kochen und uns dann den Rest des Abends entspannen. Es ist ein gutes Gefühl, zu wissen, dass ich heute **Abend** keine Pläne oder Verpflichtungen habe. Als ich zu Hause ankomme, steht mein Partner bereits in der Küche und beginnt mit der Zubereitung unseres Abendessens. Es riecht **fantastisch** hier drin! Während wir kochen, plaudern wir über den Tag des anderen und erzählen uns kleine Geschichten aus unserem Arbeitsleben. Die Küche ist mein Lieblingsraum in unserer Wohnung. Ich liebe es zu kochen, und ganz besonders liebe ich es, mit meinem Partner zu kochen. Wir haben immer so viel Spaß hier drin, lachen und scherzen, während wir kochen. Außerdem ist das Essen immer **unglaublich**, wenn wir **zusammen** arbeiten.

Heute Abend machen wir eines meiner absoluten Lieblingsrezepte: **Hähnchen** Parmesan. Mein Partner beginnt mit dem Panieren des Hähnchens, während ich die Soße auf dem **Herd** zum Kochen bringe. Wir arbeiten zusammen wie eine gut geölte Maschine, und schon bald ist das Abendessen servierfertig. Wir

παρμεζάνα, ζυμαρικά και σαλάτα. Τσουγκρίζουμε τα ποτήρια και παίρνουμε την πρώτη μας μπουκιά - και είναι **παραδεισένιο**! Το κοτόπουλο είναι τραγανό απ' έξω αλλά ζουμερό από μέσα, η σάλτσα είναι γευστική και τέλεια, τα ζυμαρικά είναι μαγειρεμένα al dente... όλα έχουν απολύτως τέλεια γεύση απόψε. Ξέρουμε και οι δύο ότι αυτή ήταν μια από εκείνες τις βραδιές που όλα συνδυάστηκαν τέλεια, καθώς **απολαμβάνουμε** και την τελευταία μπουκιά του νόστιμου γεύματός μας. Η γεύση του ήταν ακόμα καλύτερη απ' ό,τι μύριζε - που ήταν πολύ καλή! Τελειώνουμε το γεύμα μας σχετικά γρήγορα, καθώς κανένας από τους δυο μας δεν πεινάει ιδιαίτερα σήμερα, αλλά παίρνουμε το χρόνο μας απολαμβάνοντας μερικά ακόμη **ποτήρια** κρασί, ενώ συζητάμε ελαφρά τη καρδία για το ένα και το άλλο θέμα. Μετά το δείπνο, καθαρίζουμε γρήγορα μαζί και στη συνέχεια μεταφερόμαστε στο σαλόνι, όπου περνάμε λίγη ώρα **αγκαλιά** στον καναπέ βλέποντας τηλεόραση.

Είναι τόσο ωραίο να είμαστε κοντά ο ένας στον άλλον μετά από μια κουραστική μέρα **εργασίας**. Αισθάνομαι ικανοποιημένος. Παρόλο που δεν είχαμε μια περιπετειώδη βραδιά, ήταν ωραίο να περάσουμε λίγο χρόνο μαζί χωρίς να χρειαστεί να βγούμε από το σπίτι. Είδαμε μια ταινία και πέσαμε νωρίς για ύπνο, νιώθοντας **ικανοποιημένοι** με την απλή μας βραδιά.

setzen uns an unseren kleinen Küchentisch mit **Tellern voller** Hähnchen Parmesan, Nudeln und Salat. Wir stoßen mit den Gläsern an und nehmen unseren ersten Bissen - und der ist **himmlisch**! Das Hähnchen ist außen knusprig, aber innen saftig; die Soße ist würzig und perfekt; die Nudeln sind al dente gekocht... alles schmeckt heute Abend absolut perfekt. Wir wissen beide, dass dies einer dieser Abende war, an denen alles perfekt zusammenpasst, und wir **genießen** jeden einzelnen Bissen unseres köstlichen Essens. Es hat sogar noch besser geschmeckt, als es gerochen hat - und das war verdammt gut! Wir sind relativ schnell fertig mit dem Essen, da keiner von uns heute besonders hungrig ist, aber wir lassen uns Zeit und genießen noch ein paar **Gläser** Wein, während wir uns über dieses und jenes Thema unterhalten. Nach dem Essen räumen wir schnell zusammen auf und gehen dann ins Wohnzimmer, wo wir noch eine Weile auf der Couch **kuscheln** und fernsehen.

Es ist so schön, sich nach einem langen **Arbeitstag** einfach nur nahe zu sein. Ich fühle mich zufrieden. Auch wenn wir keinen ereignisreichen Abend hatten, war es schön, einfach etwas Zeit miteinander zu verbringen, ohne das Haus verlassen zu müssen. Wir haben uns einen Film angesehen und sind früh ins Bett gegangen, weil wir mit unserem einfachen Abend **zufrieden waren**.

Anlama Soruları

1. Από πού προέρχεται ο αφηγητής;

2. Τι κάνει ο αφηγητής μετά τη δουλειά;

3. Τι τρώει ο αφηγητής για δείπνο;

4. Γιατί αρέσει στον αφηγητή η κουζίνα;

5. Τι είδους πιάτο μαγειρεύει το ζευγάρι;

6. Πώς αισθάνεται ο αφηγητής στο τέλος της βραδιάς;

7. Ποιο είναι το αγαπημένο πράγμα που κάνει το ζευγάρι;

8. Τι κάνει το ζευγάρι όταν κουράζεται;

9. Πού κοιμούνται;

10. Γιατί αρέσει στον αφηγητή να μένει στο σπίτι;

Fragen zum Verständnis

1. Woher kommt der Erzähler?

2. Was macht der Erzähler nach der Arbeit?

3. Was isst der Erzähler zum Abendessen?

4. Warum mag der Erzähler die Küche?

5. Was für ein Gericht kocht das Paar?

6. Wie fühlt sich der Erzähler am Ende des Abends?

7. Was ist die Lieblingsbeschäftigung des Paares?

8. Was tun die beiden, wenn sie müde werden?

9. Wo schlafen sie?

10. Warum bleibt der Erzähler gerne zu Hause?

Περπατώντας στο σπίτι

Ήταν μια **ήσυχη** νύχτα καθώς γύριζα σπίτι από τη δουλειά. Καθώς περπατούσα, δεν μπορούσα παρά να χαμογελάσω με τις αναμνήσεις. Ένιωθα όμορφα που επέστρεφα στην παλιά μου γειτονιά. Χαιρέτησα μερικούς ανθρώπους που γνώριζα και μου χαιρέτησαν κι εκείνοι. Ήταν ωραίο να βρίσκομαι στο σπίτι μου. Πέρασα από το παλιό μου σχολείο και **θυμήθηκα** όλες τις καλές στιγμές που πέρασα με τους φίλους μου. Περπατούσαμε πάντα μαζί στο σπίτι και μιλούσαμε για τη μέρα μας. **Μερικές φορές** σταματούσαμε για παγωτό ή πηγαίναμε στο πάρκο. Αυτές ήταν οι καλύτερες στιγμές. Μου λείπουν αυτές οι στιγμές. Αλλά τώρα έχω τη δική μου οικογένεια και είμαι ευτυχισμένη με τη ζωή μου. Χαίρομαι που μπορώ να αναπολώ αυτές τις αναμνήσεις και να χαμογελάω. Είναι ένα κομμάτι της ζωής μου που θα αγαπώ πάντα. Αυτές ήταν οι καλύτερες στιγμές. Μου λείπουν αυτές οι στιγμές. Αλλά τώρα έχω τη δική μου οικογένεια και είμαι ευτυχισμένη με τη ζωή μου. Χαίρομαι που μπορώ να αναπολώ αυτές τις **αναμνήσεις** και να χαμογελάω. Είναι ένα κομμάτι της ζωής μου που θα αγαπώ πάντα.

Συνεχίζω να περπατάω, σκεπτόμενος τις καλές στιγμές που πέρασα με τους φίλους μόυ. Ξέρω ότι θα τους

Nach Hause gehen

Es war eine **friedliche** Nacht, als ich von der Arbeit nach Hause ging. Als ich ging, konnte ich nicht anders, als über die Erinnerungen zu lächeln. Es fühlte sich gut an, wieder in meiner alten Nachbarschaft zu sein. Ich winkte ein paar Leuten zu, die ich kannte, und sie winkten zurück. Es war schön, wieder zu Hause zu sein. Ich ging an meiner alten Schule vorbei und **erinnerte mich an** all die schönen Zeiten, die ich mit meinen Freunden hatte. Wir gingen immer zusammen nach Hause und sprachen über unseren Tag. **Manchmal hielten** wir an, um ein Eis zu essen oder in den Park zu gehen. Das waren die besten Zeiten. Ich vermisse diese Zeiten. Aber jetzt habe ich meine eigene Familie und bin glücklich mit meinem Leben. Ich bin froh, dass ich auf diese Erinnerungen zurückblicken und lächeln kann. Sie sind ein Teil meines Lebens, den ich immer in Ehren halten werde. Das waren die besten Zeiten. Ich vermisse diese Zeiten. Aber jetzt habe ich meine eigene Familie und bin glücklich mit meinem Leben. Ich bin froh, dass ich auf diese **Erinnerungen** zurückblicken und lächeln kann. Sie sind ein Teil meines Lebens, den ich immer in Ehren halten werde.

Ich gehe weiter und denke an die schöne Zeit, die ich

ξαναδώ σύντομα. Κατευθύνομαι προς το σπίτι μου και αποφασίζω να περπατήσω σε ένα κοντινό πάρκο. Ο ήλιος δύει και ο ουρανός έχει πάρει ένα **όμορφο** πορτοκαλί χρώμα. Το πάρκο είναι άδειο, εκτός από μερικά πουλιά που κελαηδούν στα δέντρα. Παίρνω μια βαθιά **ανάσα** και χαμογελάω. Καθώς περπατάω μέσα στο πάρκο, βλέπω ένα πεφταστέρι να διαγράφει τον ουρανό. Έκανα μια ευχή σε αυτό το αστέρι και συνέχισα να περπατάω. Σκέφτομαι τη μέρα μου στη δουλειά και πόσο **γαλήνια** ήταν. Χαμογελάω στον εαυτό μου, σκεπτόμενος πόσο τυχερή είμαι που έχω μια τόσο καλή δουλειά. Περπατάω στο σπίτι, **νιώθοντας** τον δροσερό νυχτερινό αέρα στο δέρμα μου. Νιώθω τόσο ζωντανή και ευτυχισμένη, απολαμβάνοντας την απλή πράξη του να περπατάω στο σπίτι μου μια ήσυχη νύχτα. Ένιωσα τόσο καλά, που άρχισα να **σφυρίζω**. Προσπέρασα μερικούς ανθρώπους στο δρόμο, αλλά όλοι κοιτούσαν τη δουλειά τους.

Γύρισα στη γωνία του δρόμου μου και είδα τη γάτα του γείτονά μου, τον κύριο Whiskers, να κάθεται στη βεράντα μου. Τον χαιρέτησα και μου νιαούρισε κι εκείνος. **Ξεκλείδωσα την** πόρτα μου και μπήκα μέσα. Ήμουν τόσο χαρούμενη που ήμουν σπίτι. Έβγαλα τα παπούτσια μου και ετοιμάστηκα για ύπνο. Πήγα για ύπνο εκείνο το βράδυ νιώθοντας ευτυχισμένη και ευγνώμων, με την καρδιά μου γεμάτη αγάπη.

mit meinen Freunden hatte. Ich weiß, dass ich sie bald wiedersehen werde. Ich mache mich auf den Weg nach Hause und beschließe, durch einen nahe gelegenen Park zu gehen. Die Sonne geht gerade unter und der Himmel färbt sich in ein **schönes** Orange. Der Park ist leer, bis auf ein paar Vögel, die in den Bäumen zwitschern. Ich **atme** tief ein und lächle. Als ich durch den Park gehe, sehe ich eine Sternschnuppe über den Himmel huschen. Ich wünsche mir etwas von dieser Sternschnuppe und laufe weiter. Ich denke an meinen Arbeitstag und daran, wie **friedlich** er war. Ich lächle vor mich hin und denke daran, wie viel Glück ich habe, einen so tollen Job zu haben. Ich gehe nach Hause und **spüre** die kühle Nachtluft auf meiner Haut. Ich fühle mich so lebendig und glücklich, weil ich es einfach genieße, in einer friedlichen Nacht nach Hause zu gehen.
Ich fühlte mich so gut, dass ich anfing zu **pfeifen**. Ich ging an ein paar Leuten auf der Straße vorbei, aber sie kümmerten sich alle um ihre eigenen Angelegenheiten.

Ich bog um die Ecke in meine Straße und sah die Katze meines Nachbarn, Mr. Whiskers, auf meiner Veranda sitzen. Ich grüßte ihn, und er miaute zurück. Ich **schloss** meine Tür auf und ging hinein. Ich war so froh, zu Hause zu sein. Ich zog meine Schuhe aus und machte mich bettfertig. Ich ging an diesem Abend mit einem Gefühl der Freude und Dankbarkeit ins Bett, mein Herz war voller Liebe.

Anlama Soruları

1. Τι έκανε ο πρωταγωνιστής όταν ξεκίνησε η ιστορία;

2. Τι σκέφτηκε ο πρωταγωνιστής όταν περπατούσε στο σπίτι του;

3. Τι συνήθιζε να κάνει ο πρωταγωνιστής με τους φίλους του μετά το σχολείο;

4. Τι λείπει στον πρωταγωνιστή από εκείνες τις εποχές;

5. Τι σκέφτεται ο πρωταγωνιστής για την τρέχουσα ζωή του;

6. Τι κάνει ο πρωταγωνιστής όταν βλέπει ένα πεφταστέρι;

7. Πώς αισθάνεται ο πρωταγωνιστής όταν περπατάει στο σπίτι του;

8. Τι κάνει ο πρωταγωνιστής όταν επιστρέφει στο σπίτι;

Fragen zum Verständnis

1. Was machte der Protagonist, als die Geschichte begann?

2. Woran hat der Protagonist auf dem Heimweg gedacht?

3. Was hat der Protagonist nach der Schule mit seinen Freunden gemacht?

4. Was vermisst der Protagonist aus dieser Zeit?

5. Was denkt der Protagonist über sein derzeitiges Leben?

6. Was tut der Protagonist, wenn er eine Sternschnuppe sieht?

7. Wie fühlt sich der Protagonist, wenn er nach Hause geht?

8. Was macht der Protagonist, wenn er nach Hause kommt?

Το κάστρο

Η οικογένεια ήθελε πάντα να επισκεφθεί ένα παλιό κάστρο στη **Γερμανία** και τελικά πραγματοποίησαν το ταξίδι. Δεν **απογοητεύτηκαν**. Το κάστρο ήταν πανέμορφο και τους άρεσε να εξερευνούν τα πολλά δωμάτια και τους διαδρόμους του. Το πρώτο πράγμα που τους έκανε εντύπωση ήταν η μυρωδιά. Βρήκαν **μούχλα**, υγρασία και κάτι άλλο που δεν μπορούσαν να προσδιορίσουν. Το δεύτερο πράγμα ήταν ο ήχος. Οι πέτρινοι τοίχοι είναι χοντροί, αλλά δεν αποσβένουν εντελώς τον ήχο. Άκουσαν κάθε βήμα, κάθε λέξη που ειπώθηκε με κανονική φωνή και το περιστασιακό στάξιμο νερού **κάπου στο** βάθος. Καθώς τα μάτια τους προσαρμόστηκαν στο αμυδρό φως, είδαν ογκώδεις πέτρινους τοίχους να ξεπροβάλλουν γύρω τους, με ταπισερί να κρέμονται από αυτούς σε **σκισμένα** κομμάτια. Στεκόντουσαν σε μια τεράστια αίθουσα με ψηλή οροφή που υποστηριζόταν από σκαλιστούς κίονες. Τους άρεσε επίσης η θέα από τους πυργίσκους, και τα παιδιά πέρασαν υπέροχα τρέχοντας στους χώρους. Ο **ήλιος** είχε αρχίσει να δύει όταν τελείωσαν την εξερεύνηση του κάστρου και μετάνιωσαν που δεν είχαν φέρει **φακό**. Αποφάσισαν να επιστρέψουν στην είσοδο, αλλά σύντομα βρέθηκαν χαμένοι. Περιπλανήθηκαν για ώρες, ώσπου τελικά βρήκαν μια πόρτα που οδηγούσε έξω. Συνέχισαν μέχρι που

Das Schloss

Die Familie wollte schon immer ein altes Schloss in **Deutschland** besichtigen, und schließlich machten sie sich auf den Weg. Sie wurden nicht **enttäuscht**. Das Schloss war wunderschön, und sie genossen es, die vielen Räume und Gänge zu erkunden. Das erste, was ihnen auffiel, war der Geruch. Sie fanden **Schimmel**, Feuchtigkeit und etwas anderes, das sie nicht genau zuordnen konnten. Das zweite war der Klang. Steinmauern sind zwar dick, aber sie dämpfen den Schall nicht vollständig. Sie hörten jeden Schritt, jedes Wort, das mit normaler Stimme gesprochen wurde, und das gelegentliche Tröpfeln von Wasser **irgendwo** in der Ferne. Als sich ihre Augen an das schwache Licht gewöhnt hatten, sahen sie um sich herum massive Steinwände, an denen Wandteppiche in **Fetzen** hingen. Sie befanden sich in einer riesigen Halle mit einer hohen Decke, die von geschnitzten Säulen getragen wurde. Auch die Aussicht von den Türmen gefiel ihnen, und die Kinder hatten viel Spaß beim Herumtollen auf dem Gelände. Als sie mit der Erkundung des Schlosses fertig waren, ging die **Sonne** bereits unter, und sie bedauerten, dass sie keine **Taschenlampe** mitgenommen hatten. Sie beschlossen, sich auf den Rückweg zum Eingang zu machen, aber sie hatten sich bald verlaufen. Sie irrten gefühlte Stunden umher,

έφτασαν στο τέλος του διαδρόμου και έφτασαν σε μια επιβλητική διπλή πόρτα. Όσο κι αν προσπαθούσαν, οι πόρτες δεν μετακινούνταν. Χτυπούσαν **απειλητικά**, αλλά δεν κουνιόντουσαν ούτε εκατοστό. Φαινόταν ότι όποιος ήταν εδώ πριν, πρέπει να πέρασε από εδώ και να τις κλείδωσε από μέσα. Τελικά, βρίσκουν μια διέξοδο. Η ανακούφιση τους κατέκλυσε καθώς βγήκαν στον δροσερό νυχτερινό αέρα.

Ο ήλιος είχε αρχίσει να δύει και **μετάνιωσαν** που δεν είχαν φέρει φακό. Αποφάσισαν να επιστρέψουν στην είσοδο, αλλά σύντομα βρέθηκαν χαμένοι. Περιπλανήθηκαν για ώρες, ώσπου τελικά βρήκαν μια πόρτα που οδηγούσε **έξω**. Η ανακούφιση τους κατέκλυσε καθώς βγήκαν στον δροσερό νυχτερινό αέρα. Το επόμενο βράδυ, φρόντισαν να πάρουν μαζί τους έναν φακό καθώς εξερευνούσαν το υπόλοιπο κάστρο. Περπάτησαν μέσα από την **αυλή** και κατέβηκαν στο ποτάμι που έτρεχε πίσω από τα τείχη του **κάστρου.** Καθώς περπατούσαν τριγύρω, άρχισαν να ακούν παράξενους θορύβους. Ακουγόταν σαν κάποιος να τους ακολουθούσε. Επιτάχυναν το βηματισμό τους, αλλά οι θόρυβοι γίνονταν όλο και πιο δυνατοί και πλησίαζαν. Η οικογένεια έτρεξε πίσω στο κάστρο όσο πιο γρήγορα μπορούσε, και ανακουφίστηκαν όταν είδαν ότι η φιγούρα με τον **σκοτεινό** μανδύα δεν τους είχε ακολουθήσει.

bis sie schließlich auf eine Tür stießen, die nach draußen führte. Sie gingen weiter, bis sie das Ende des Flurs **erreichten** und vor einer imposanten Doppeltür standen. So sehr sie sich auch bemühten, die Türen rührten sich nicht. Sie klapperten **bedrohlich**, aber sie bewegten sich keinen Zentimeter. Es sah so aus, als ob derjenige, der vorher hier war, hier durchgegangen sein musste und sie von innen verriegelt hatte. Schließlich fanden sie einen Weg nach draußen. Erleichterung überkam sie, als sie in die kühle Nachtluft hinaustraten.

Die Sonne begann unterzugehen, und sie **bedauerten,** dass sie keine Taschenlampe mitgenommen hatten. Sie beschlossen, sich auf den Weg zurück zum Eingang zu machen, aber sie hatten sich bald verlaufen. Sie irrten gefühlte Stunden umher, bis sie schließlich auf eine Tür stießen, die **nach draußen** führte. Erleichterung machte sich in ihnen breit, als sie in die kühle Nachtluft hinaustraten. Am nächsten Abend nahmen sie auf jeden Fall eine Taschenlampe mit, um den Rest des Schlosses zu erkunden. Sie gingen durch den **Innenhof** und hinunter zum Fluss, der hinter den Schlossmauern verlief. Als sie umhergingen, hörten sie seltsame Geräusche. Es hörte sich an, als würde sie jemand verfolgen. Sie beschleunigten ihren Schritt, aber die Geräusche wurden lauter und kamen näher. Die Familie rannte so schnell sie konnte zum Schloss zurück und war erleichtert, dass die Gestalt in dem **dunklen** Mantel ihnen nicht gefolgt war.

Anlama Soruları

1. Τι έκανε η οικογένεια όταν χάθηκε στο κάστρο;

2. Πώς αισθάνθηκε η οικογένεια όταν έμαθε ότι επρόκειτο για έναν ντόπιο;

3. Τι έκανε ο άνδρας και συνελήφθη;

4. Ποια ήταν η ποινή για τον άνδρα;

5. Τι θόρυβο άκουσε η οικογένεια ενώ περπατούσε;

6. Πού βρισκόταν η φιγούρα με τον σκοτεινό μανδύα όταν τον είδε η οικογένεια;

7. Τι έκανε η οικογένεια όταν επέστρεψε στο δωμάτιό της;

8. Πότε η οικογένεια πήγε να εξερευνήσει ξανά το κάστρο;

Fragen zum Verständnis

1. Was hat die Familie getan, als sie sich im Schloss verlaufen hat?

2. Wie hat sich die Familie gefühlt, als sie erfuhr, dass es sich nur um einen Einheimischen handelte?

3. Was hat der Mann getan, dass man ihn verhaftet hat?

4. Wie lautete das Urteil für den Mann?

5. Welches Geräusch hat die Familie gehört, während sie spazieren ging?

6. Wo war die Gestalt in dem dunklen Mantel, als die Familie sie sah?

7. Was hat die Familie getan, als sie in ihr Zimmer zurückkam?

8. Wann hat die Familie das Schloss wieder erkundet?

Ο κήπος μου

Ο κήπος μου είναι το ευτυχισμένο μου μέρος. Βγαίνω εκεί έξω κάθε μέρα, είτε βρέχει είτε βρέχει, και περνάω χρόνο φροντίζοντας τα φυτά μου. Έχω λίγο απ' **όλα - λαχανικά**, φρούτα, λουλούδια, βότανα. Έχω ακόμη και μερικές κότες που βοηθούν να κρατήσω τα παράσιτα μακριά. Ξεκινάω τις μέρες μου στον κήπο μαζεύοντας αυγά από τις κότες. Στη συνέχεια ελέγχω τα λαχανικά μου, φροντίζοντας να έχουν αρκετό νερό και ήλιο. Ξεχορταριάζω τα παρτέρια και απομακρύνω τυχόν ζωύφια που μπορεί να **προσβάλλουν** τα φυτά. Μόλις **τακτοποιηθούν όλα**, κάθομαι και απολαμβάνω την ηρεμία και την ησυχία της φύσης.

Πάντα μου άρεσε να περνάω χρόνο στον κήπο μου. Υπάρχει κάτι στο να είσαι περιτριγυρισμένος από τη φύση και όλη την **ομορφιά** που έχει να σου προσφέρει. Θεωρώ ότι είναι ένα πολύ γαλήνιο και ηρεμιστικό μέρος. Συχνά περνάω χρόνο στον κήπο μου χαλαρώνοντας και απολαμβάνοντας το τοπίο. Μου αρέσει επίσης να εργάζομαι στον κήπο μου και να καλλιεργώ πράγματα. Έχω έναν αρκετά μεγάλο κήπο και μου αρέσει να καλλιεργώ **διάφορα πράγματα** σε αυτόν. Καλλιεργώ λουλούδια, **λαχανικά** και βότανα. Έχω επίσης μερικά οπωροφόρα δέντρα που παράγουν νόστιμα μήλα, αχλάδια και δαμάσκηνα. Εκτός από την καλλιέργεια,

Mein Garten

Mein Garten ist mein Lieblingsplatz. Ich gehe jeden Tag hinaus, egal ob es regnet oder scheint, und verbringe Zeit damit, meine Pflanzen zu pflegen. Ich habe von **allem ein** bisschen - **Gemüse**, Obst, Blumen, Kräuter. Ich habe sogar ein paar Hühner, die mir helfen, die Schädlinge in Schach zu halten. Ich beginne meine Tage im Garten, indem ich den Hühnern Eier abhole. Dann schaue ich nach meinem Gemüse und stelle sicher, dass es genug Wasser und Sonne bekommt. Ich jäte Unkraut auf den Beeten und entferne Ungeziefer, das die Pflanzen **angreifen** könnte. Wenn **alles erledigt** ist, lehne ich mich zurück und genieße den Frieden und die Ruhe der Natur.

Ich habe schon immer gerne Zeit in meinem Garten verbracht. Es hat etwas, von der Natur und all der **Schönheit**, die sie zu bieten hat, umgeben zu sein. Ich empfinde ihn als einen sehr friedlichen und beruhigenden Ort. Ich verbringe oft Zeit in meinem Garten, um mich zu entspannen und die Landschaft zu genießen. Ich arbeite auch gerne in meinem Garten und baue Dinge an. Ich habe einen ziemlich großen Garten, in dem ich gerne **verschiedene** Dinge anbaue. Ich baue Blumen, **Gemüse** und Kräuter an. Ich habe auch ein paar Obstbäume, die leckere Äpfel, Birnen

μου αρέσει επίσης να περνάω χρόνο περπατώντας στον κήπο μου, **θαυμάζοντας** όλα τα διαφορετικά φυτά και ζώα που τον αποκαλούν σπίτι τους. Έχω ξοδέψει πολλές ώρες όλα αυτά τα χρόνια δουλεύοντας για να μετατρέψω τον **κήπο μου σε** ένα μέρος που δεν είναι μόνο όμορφο αλλά και λειτουργικό. Λατρεύω να παρακολουθώ τα πουλιά που πετούν γύρω μου και να τα ακούω να τραγουδούν. Μερικές φορές μάλιστα βγάζω ένα βιβλίο και διαβάζω στον κήπο, ενώ περιβάλλομαι από όλη την ομορφιά που έχω δημιουργήσει. **Η κηπουρική** είναι το πάθος μου και μου προσφέρει τόση χαρά. Κάθε μέρα στον κήπο μου είναι μια καλή μέρα.

Ένα από τα πράγματα που μου αρέσει να κάνω είναι να μαγειρεύω, οπότε το να έχω έναν καλά εφοδιασμένο κήπο με βότανα είναι πολύ **σημαντικό** για μένα. Το θυμάρι, ο βασιλικός, η ρίγανη, το δεντρολίβανο, το φασκόμηλο και η λεβάντα είναι μερικά μόνο από τα βότανα που μου αρέσει να καλλιεργώ στον κήπο μου, ώστε να μπορώ να τα χρησιμοποιώ όταν μαγειρεύω για τον εαυτό μου ή για **τους καλεσμένους μου**. Ένα άλλο πράγμα που είναι σημαντικό για μένα όταν πρόκειται για τον κήπο μου είναι να διασφαλίσω ότι υπάρχει άφθονο χρώμα σε όλο τον κήπο μου. Για να επιτύχω αυτόν τον στόχο, καλλιεργώ μια μεγάλη ποικιλία λουλουδιών, όπως **τριαντάφυλλα**, κρίνα, μαργαρίτες, τουλίπες, impatiens, κατιφέδες κ.λπ.

und Pflaumen hervorbringen. Ich baue nicht nur Dinge an, sondern verbringe auch gerne Zeit damit, durch meinen Garten zu spazieren und all die verschiedenen Pflanzen und Tiere zu **bewundern**, die dort zu Hause sind. Im Laufe der Jahre habe ich viele Stunden damit verbracht, meinen **Garten** zu einem Ort zu machen, der nicht nur schön, sondern auch funktional ist. Ich liebe es, den Vögeln beim Herumfliegen zuzusehen und ihnen beim Singen zuzuhören. Manchmal nehme ich sogar ein Buch mit und lese im Garten, während ich von all der Schönheit umgeben bin, die ich geschaffen habe. **Gartenarbeit** ist meine Leidenschaft und bringt mir so viel Freude. Jeder Tag in meinem Garten ist ein guter Tag.

Eine meiner Lieblingsbeschäftigungen ist das Kochen, daher ist ein gut bestückter Kräutergarten für mich sehr **wichtig**. Thymian, Basilikum, Oregano, Rosmarin, Salbei und Lavendel sind nur einige der Kräuter, die ich gerne in meinem Garten anbaue, damit ich sie beim Kochen für mich oder für **Gäste** verwenden kann. Ein weiterer wichtiger Punkt in meinem Garten ist, dass er viel Farbe hat. Um dieses Ziel zu erreichen, baue ich eine Vielzahl von Blumen an, darunter **Rosen**, Lilien, Gänseblümchen, Tulpen, Impatiens, Ringelblumen, usw. Zusätzlich zu den Blumen, die für Farbe sorgen, verwende ich auch gerne verschiedene **Texturen** im Garten, um ihn interessanter zu gestalten.

Anlama Soruları

1. Πού βρίσκεται ο κήπος του συγγραφέα;

2. Πόσες κότες έχει ο συγγραφέας;

3. Τι κάνει ο συγγραφέας στον κήπο κάθε μέρα;

4. Γιατί αρέσει στον συγγραφέα ο κήπος;

5. Ποια βότανα φυτεύει ο συγγραφέας στον κήπο;

6. Γιατί είναι σημαντικό για τον συγγραφέα να υπάρχουν πολλά χρώματα στον κήπο του;

7. Πώς ο συγγραφέας φέρνει ποικιλία στον κήπο του;

8. Πώς αισθάνεται ο συγγραφέας όταν εργάζεται στον κήπο του;

Fragen zum Verständnis

1. Wo befindet sich der Garten des Autors?

2. Wie viele Hühner hat der Autor?

3. Was macht der Autor jeden Tag im Garten?

4. Warum gefällt dem Autor der Garten?

5. Welche Kräuter pflanzt der Autor in seinem Garten an?

6. Warum ist es für den Autor wichtig, dass es in seinem Garten viele Farben gibt?

7. Wie bringt der Autor Abwechslung in seinen Garten?

8. Wie fühlt sich der Autor, wenn er in seinem Garten arbeitet?

Πηγαίνοντας για ψώνια

Μου αρέσει να πηγαίνω για **ψώνια** στο εμπορικό κέντρο. Είναι πάντα πολύ διασκεδαστικό να περπατάς και να κοιτάς όλα τα διαφορετικά καταστήματα. Υπάρχει κάτι για όλους στο εμπορικό κέντρο, και είναι πάντα ένα εξαιρετικό μέρος για να βρεις προσφορές σε ρούχα, παπούτσια και αξεσουάρ. **Συνήθως** ξεκινάω το ταξίδι μου για ψώνια περπατώντας από την κεντρική **είσοδο** του εμπορικού κέντρου. Από εκεί, κατευθύνομαι πρώτα στα αγαπημένα μου καταστήματα. Αφού ρίξω μια ματιά σε αυτά τα καταστήματα, περπατάω τριγύρω και βλέπω αν υπάρχουν εκπτώσεις σε άλλα σημεία. Συνήθως καταλήγω να περνάω μερικές ώρες στο εμπορικό κέντρο πριν κάνω τελικά τις αγορές μου. Μου αρέσει πάντα να παίρνω το χρόνο μου όταν ψωνίζω, **γιατί** θέλω να είμαι σίγουρη ότι παίρνω **ακριβώς** αυτό που θέλω. Επιπλέον, είναι πιο διασκεδαστικό έτσι!

Το βρίσκω πάντα τόσο **συναρπαστικό** να παρατηρώ τον κόσμο όταν βρίσκομαι στο εμπορικό κέντρο. Μπορείς πραγματικά να καταλάβεις πολλά για έναν άνθρωπο από τον τρόπο που ψωνίζει. Μερικοί άνθρωποι είναι πολύ μεθοδικοί και παίρνουν το χρόνο τους, ενώ άλλοι φαίνεται να αρπάζουν **ό,τι** μπορούν και να κατευθύνονται στο ταμείο όσο πιο γρήγορα γίνεται.

Einkaufen gehen

Ich gehe gerne im Einkaufszentrum einkaufen. Es macht immer so viel Spaß, herumzulaufen und sich all die verschiedenen Geschäfte anzuschauen. Im Einkaufszentrum ist für jeden etwas dabei, und es ist immer ein guter Ort, um Angebote für Kleidung, Schuhe und Accessoires zu finden. **Normalerweise** beginne ich meinen Einkaufsbummel, indem ich durch den **Haupteingang** des Einkaufszentrums gehe. Von dort aus gehe ich zuerst zu meinen Lieblingsgeschäften. Nachdem ich in diesen Geschäften gestöbert habe, laufe ich herum und schaue, ob es in anderen Geschäften Sonderangebote gibt. Normalerweise verbringe ich ein paar Stunden im Einkaufszentrum, bevor ich meine Einkäufe erledige. Ich nehme mir beim Einkaufen immer gerne Zeit, **weil** ich sichergehen will, dass ich **genau** das bekomme, was ich will. Außerdem macht es auf diese Weise einfach mehr Spaß!

Ich finde es immer **faszinierend**, die Leute zu beobachten, wenn ich im Einkaufszentrum bin. An der Art und Weise, wie sie einkaufen, kann man wirklich viel über eine Person erkennen. Manche Leute gehen sehr methodisch vor und lassen sich Zeit, während andere einfach **alles zu** nehmen scheinen, **was sie**

Υπάρχουν επίσης και εκείνοι οι αγοραστές που φαίνεται να ενδιαφέρονται περισσότερο να μιλούν στο κινητό τους ή να στέλνουν μηνύματα παρά να κοιτάζουν τα εμπορεύματα! Ανεξάρτητα από το είδος του αγοραστή που είστε, όμως, όλοι φαίνεται να απολαμβάνουν τις αγορές από τις βιτρίνες - ακόμη και αν δεν αγοράζουν τίποτα. Υπάρχει κάτι που με κάνει ευτυχισμένη όταν κοιτάζω όλα τα όμορφα πράγματα στις **βιτρίνες των** καταστημάτων. Μερικές φορές φαντάζομαι πώς θα ήταν αν μπορούσα να αγοράσω **όλα όσα** βλέπω! Εν κατακλείδι, το να περνάω μια μέρα για ψώνια στο εμπορικό κέντρο είναι μια από τις αγαπημένες μου ασχολίες. Είναι ένας πολύ καλός τρόπος για να χαλαρώσετε και να ξεκουραστείτε, ενώ παράλληλα γυμνάζεστε και λίγο (αν περπατάτε αρκετά). Επιπλέον, είναι **πάντα** ωραίο να κάνεις δώρο στον εαυτό σου ένα νέο πουκάμισο ή ένα ζευγάρι παπούτσια κάθε τόσο!

Είχα μια **κουραστική** μέρα στη δουλειά και επιτέλους είχα λίγο χρόνο για τον εαυτό μου, οπότε αποφάσισα να πάω για ψώνια στο εμπορικό κέντρο. Χρειαζόμουν μερικά νέα ρούχα για την **επερχόμενη** σεζόν. Μόλις μπήκα μέσα, είδα όλα τα λαμπερά φώτα και τις γυαλιστερές βιτρίνες των καταστημάτων. Κατευθύνθηκα πρώτα στο αγαπημένο μου κατάστημα και άρχισα να περιηγούμαι στα ράφια. Βρήκα μερικά χαριτωμένα μπλουζάκια και τα δοκίμασα στο δοκιμαστήριο.

kriegen können, und so schnell wie möglich zur Kasse gehen. Es gibt auch Leute, die mehr daran interessiert sind, mit ihrem Handy zu telefonieren oder SMS zu schreiben, als sich die Waren anzusehen! Aber egal, welche Art von Käufer man ist, jeder scheint den Schaufensterbummel zu genießen - auch wenn man nichts kauft. Der Anblick all der schönen Dinge in den **Schaufenstern** macht mich einfach glücklich. Manchmal stelle ich mir vor, wie es wäre, wenn ich mir **alles, was** ich sehe, leisten könnte! Alles in allem ist ein Einkaufstag im Einkaufszentrum eine meiner Lieblingsbeschäftigungen. Es ist eine tolle Möglichkeit, sich zu entspannen und zu relaxen und sich dabei auch noch ein bisschen zu bewegen (wenn man genug läuft). Außerdem ist es **immer** schön, sich hin und wieder ein neues Hemd oder ein Paar Schuhe zu gönnen!

Ich hatte einen **langen** Arbeitstag und endlich etwas Zeit für mich, also beschloss ich, im Einkaufszentrum einkaufen zu gehen. Ich brauchte ein paar neue Kleider für die **kommende** Saison. Sobald ich das Einkaufszentrum betrat, sah ich all die hellen Lichter und die glänzenden Schaufensterfronten. Ich ging zuerst in mein Lieblingsgeschäft und stöberte durch die Regale. Ich fand ein paar schöne Oberteile und probierte sie in der Umkleidekabine an.

Anlama Soruları

1. Πού σας αρέσει να αποθηκεύετε περισσότερο;

2. Ποιο είναι το αγαπημένο σας κατάστημα στο εμπορικό κέντρο;

3. Πόση ώρα μένετε συνήθως στο εμπορικό κέντρο;

4. Τι πιστεύετε για τους ανθρώπους που περνούν πολύ χρόνο στο εμπορικό κέντρο; 5. Ποιο είναι το αγαπημένο σας πράγμα που κάνετε στο εμπορικό κέντρο;

6. Έχετε αγοράσει ποτέ κάτι στο εμπορικό κέντρο ενώ δεν το χρειαζόσασταν πραγματικά;

7. Πώς αντιδράτε όταν βλέπετε στο εμπορικό κέντρο κάτι που θα σας άρεσε πολύ, αλλά είναι πολύ ακριβό;

8. Έχετε δει ποτέ κάτι στο εμπορικό κέντρο και αναρωτηθήκατε ποιος θα το αγόραζε;

Fragen zum Verständnis

1. Wo lagern Sie am liebsten?

2. Welches ist Ihr Lieblingsgeschäft im Einkaufszentrum?

3. Wie lange bleiben Sie normalerweise im Einkaufszentrum?

4. Was denken Sie über Menschen, die viel Zeit im Einkaufszentrum verbringen? 5. Was machst du am liebsten in einem Einkaufszentrum?

6. Haben Sie schon einmal etwas im Einkaufszentrum gekauft, obwohl Sie es nicht wirklich brauchten?

7. Wie reagieren Sie, wenn Sie im Einkaufszentrum etwas sehen, das Ihnen wirklich gefallen würde, aber zu teuer ist?

8. Haben Sie schon einmal etwas im Einkaufszentrum gesehen und sich gefragt, wer es wohl kaufen würde?

Στην αγορά

Ξυπνάω νωρίς το πρωί του Σαββάτου, ανυπομονώντας να πάω στην **αγορά** πριν γίνει πολύς κόσμος. Φοράω μερικά ρούχα και βγαίνω από την πόρτα, παίρνοντας τις επαναχρησιμοποιούμενες τσάντες μου στο δρόμο. Καθώς περπατάω, αρχίζω να σχεδιάζω τι θέλω να φτιάξω για την εβδομάδα που έρχεται. Ξέρω ότι θέλω να **ψήσω** λαχανικά τουλάχιστον μία φορά, οπότε θα πρέπει να αγοράσω λαχανικά καλής ποιότητας. Θέλω επίσης να φτιάξω μια σούπα ή ένα στιφάδο, οπότε θα πρέπει να πάρω και κρέας. Θα πρέπει να δω τι φαίνεται καλό όταν φτάσω εκεί. Η αγορά είναι μόνο μερικά τετράγωνα μακριά, και μπορώ ήδη να δω τους πάγκους που έχουν στηθεί και τον **κόσμο που** κυκλοφορεί.

Φτάνω στην αγορά και κατευθύνομαι κατευθείαν στον πάγκο με τα λαχανικά. Η ποικιλία είναι πανέμορφη και γεμίζω τις σακούλες μου με μια ποικιλία **φρέσκων** προϊόντων. Κουβεντιάζω για λίγο με τον αγρότη και μου προτείνει μερικές συνταγές. Είμαι ενθουσιασμένη να τις δοκιμάσω. Κουβεντιάζω με τους **αγρότες** καθώς ψωνίζω, γνωρίζοντας τους ίδιους και τα προϊόντα τους. Αφού έχω όλα τα λαχανικά που χρειάζομαι, προχωρώ στο τμήμα κρέατος. Εδώ είμαι λίγο πιο διστακτική, καθώς δεν είμαι σίγουρη για το τι θέλω να πάρω. Τελικά αποφασίζω για το κοτόπουλο, επειδή είναι ευέλικτο

Auf dem Markt

Am Samstagmorgen wache ich früh auf und will unbedingt auf den **Markt**, bevor es zu voll wird. Ich ziehe mir etwas an und gehe zur Tür hinaus, wobei ich unterwegs meine wiederverwendbaren Taschen mitnehme. Auf dem Weg dorthin überlege ich, was ich in der kommenden Woche zubereiten möchte. Ich weiß, dass ich mindestens einmal Gemüse **braten** will, also muss ich gutes Gemüse kaufen. Außerdem möchte ich eine Suppe oder einen Eintopf kochen, also muss ich auch etwas Fleisch kaufen. Ich muss sehen, was gut aussieht, wenn ich dort bin. Der Markt ist nur ein paar Häuserblocks entfernt, und ich sehe schon die aufgebauten Stände und die **Menschen, die** sich dort tummeln.

Ich komme auf dem Markt an und steuere direkt auf den Gemüsestand zu. Die Auswahl ist großartig, und ich fülle meine Taschen mit einer Vielzahl von **frischen** Produkten. Ich unterhalte mich ein wenig mit dem Landwirt, und er empfiehlt mir einige Rezepte. Ich bin gespannt darauf, sie auszuprobieren. Beim Einkaufen plaudere ich mit den **Landwirten** und lerne sie und ihre Produkte kennen. Nachdem ich alles Gemüse eingekauft habe, was ich brauche, gehe ich zur Fleischabteilung. Hier bin ich etwas zögerlicher, da ich

και μπορεί να χρησιμοποιηθεί σε διάφορα πιάτα. Αγοράζω επίσης μερικά διαφορετικά κομμάτια κρέατος, φροντίζοντας να πάρω βοδινό κρέας από βοσκή χόρτου και **κοτόπουλο** ελευθέρας βοσκής. Ο χασάπης ήταν ένας φιλικός άνθρωπος, πάντα χαρούμενος παρά τις πολλές ώρες που δούλευε. Τύλιξε τα στήθη κοτόπουλου και τη μπριζόλα μου πριν μου μιλήσει για τα σχέδια του Σαββατοκύριακου. Τον αποχαιρέτησα και συνέχισα το δρόμο μου. Αγόρασα επίσης μερικά αυγά και τυρί από το τμήμα γαλακτοκομικών προϊόντων.

Η αγορά έσφυζε από κόσμο, όλοι τους ανυπόμονοι να πάρουν στα **χέρια** τους τα φρέσκα προϊόντα και το κρέας που προσφέρονταν. Ο αέρας μύριζε σκόρδο και κρεμμύδια και ο ήχος από τα γέλια και τις συζητήσεις γέμιζε τον αέρα. Περνούσα μέσα από το πλήθος, διαλέγοντας τα υπόλοιπα είδη που χρειαζόμουν για το εβδομαδιαίο μου ψώνιο. Γέμισα το **καλάθι** μου με φρούτα και λαχανικά, ζυμαρικά και ψωμί, πριν κατευθυνθώ προς το ταμείο. Η ουρά ήταν μεγάλη, αλλά προχωρούσε γρήγορα. Τελικά, τα τελευταία **ψώνια** είχαν αγοραστεί και ήταν ώρα να πάω σπίτι. Το αυτοκίνητο φορτώθηκε, και η διαδρομή μέχρι το σπίτι ήταν μακρά και κουραστική. Η κίνηση ήταν έντονη και η ζέστη καταπιεστική. Τελικά, το αυτοκίνητο μπήκε στο δρόμο και η ανακούφιση ήταν αισθητή.

mir nicht sicher bin, was ich kaufen möchte. Schließlich entscheide ich mich für Hühnerfleisch, weil es vielseitig ist und für eine Vielzahl von Gerichten verwendet werden kann. Ich kaufe auch ein paar verschiedene Fleischsorten, wobei ich darauf achte, dass ich Rindfleisch aus Weidehaltung und **Hühnerfleisch** aus Freilandhaltung kaufe. Der Metzger war ein freundlicher Mann, der trotz seiner langen Arbeitszeiten immer gut gelaunt war. Er wickelte meine Hühnerbrust und mein Steak ein und plauderte mit mir über seine Pläne fürs Wochenende. Ich verabschiedete mich von ihm und setzte meinen Weg fort. Ich kaufte auch noch ein paar Eier und Käse aus der Molkereiabteilung.

Auf dem Markt herrschte reges Treiben, und alle wollten die frischen Produkte und das Fleisch, die angeboten wurden, kaufen. Die Luft war dick mit dem Geruch von Knoblauch und Zwiebeln, und das Lachen und die Gespräche erfüllten die Luft. Ich bahnte mir einen Weg durch die Menge und suchte mir die anderen Artikel für meinen Wocheneinkauf aus. Ich füllte meinen **Korb** mit Obst und Gemüse, Nudeln und Brot, bevor ich mich auf den Weg zur Kasse machte. Die Schlange war lang, aber sie bewegte sich schnell. Schließlich waren die letzten **Lebensmittel** eingekauft, und es war Zeit, nach Hause zu fahren. Das Auto wurde beladen, und die Fahrt nach Hause war lang und mühsam. Der Verkehr war dicht, und die Hitze war drückend. Endlich fuhr das Auto in die Einfahrt, und die Erleichterung war spürbar.

Anlama Soruları

1. Πού πηγαίνει το άτομο;

2. Τι θέλει να αγοράσει το άτομο;

3. Πόσες τσάντες έχει το άτομο;

4. Πόσο μακριά είναι η αγορά;

5. Τι κάνει το άτομο αυτή τη στιγμή;

6. Τι είναι τα πάντα στην αγορά;

7. Πόσοι άνθρωποι βρίσκονται στην αγορά;

8. Πόσο καιρό χρειάστηκε το άτομο για να αγοράσει τα πάντα;

9. Πώς πήγε το άτομο στο σπίτι του;

Fragen zum Verständnis

1. Wohin geht die Person?

2. Was möchte die Person kaufen?

3. Wie viele Taschen hat die Person?

4. Wie weit ist der Markt entfernt?

5. Was macht die Person im Moment?

6. Was ist alles auf dem Markt?

7. Wie viele Personen befinden sich auf dem Markt?

8. Wie lange hat die Person gebraucht, um alles zu kaufen?

9. Wie ist die Person nach Hause gegangen?

Σε μια καφετέρια

Ήταν ένα ψυχρό **φθινοπωρινό** πρωινό και είχα κανονίσει να συναντήσω τη φίλη μου τη Lily στην αγαπημένη μας καφετέρια για έναν καφέ. Τυλίχτηκα ζεστά με το παλτό και το κασκόλ μου και ξεκίνησα. Τα φύλλα έπεφταν από τα δέντρα και ο αέρας είχε ένα τσίμπημα, αλλά ο ήλιος έλαμπε και υποσχόταν να είναι μια όμορφη μέρα. Καθώς περπατούσα, **σκεφτόμουν** πόσο καλό ήταν να έχω μια φίλη σαν τη Λίλι. Ήμασταν φίλες εδώ και χρόνια, από τότε που γνωριστήκαμε στο **πανεπιστήμιο**. Μας έδεσε η αγάπη μας για τον καφέ και το να περνάμε χρόνο συζητώντας σε καφετέριες. Παρόλο που πλέον ζούσαμε σε διαφορετικά μέρη της πόλης, εξακολουθούσαμε να συναντιόμαστε για καφέ μια φορά την εβδομάδα. Έφτασα στην καφετέρια και η Lily ήταν ήδη εκεί και με περίμενε. Αγκαλιαστήκαμε για να χαιρετηθούμε και στη συνέχεια παραγγείλαμε τον καφέ μας. Βρήκαμε ένα τραπέζι δίπλα στο παράθυρο και καθίσαμε να κουβεντιάσουμε. Ο **καφές** ήταν υπέροχος, όπως πάντα, και ήταν τόσο ωραίο να τα λέμε με τη Λίλι. Μιλήσαμε για την εβδομάδα μας, τις δουλειές μας και τα σχέδιά μας για το μέλλον. Ήταν πάντα τόσο εύκολο να μιλάς στη Λίλι και ένιωθα ότι μπορούσα να της πω τα πάντα. Μετά από λίγο, αρχίσαμε να πεινάμε και **αποφασίσαμε** να παραγγείλουμε φαγητό.

Im Kaffeehaus

Es war ein kühler Herbstmorgen, und ich hatte mich mit meiner Freundin Lily in unserem Lieblingscafé auf einen Kaffee verabredet. Ich wickelte mich warm in meinen Mantel und meinen Schal ein und machte mich auf den Weg. Die Blätter fielen von den Bäumen, und die Luft war etwas stickig, aber die Sonne schien, und es versprach ein schöner Tag zu werden. Während ich lief, **dachte ich** darüber nach, wie gut es war, eine Freundin wie Lily zu haben. Wir waren seit Jahren befreundet, seit wir uns an der **Universität** kennen gelernt hatten. Uns verband die Liebe zum Kaffee und zum Plaudern in Cafés. Obwohl wir inzwischen in verschiedenen Stadtteilen wohnten, trafen wir uns immer noch einmal in der Woche auf einen Kaffee. Als ich im Café ankam, war Lily schon da und wartete auf mich. Wir umarmten uns zur Begrüßung und bestellten unsere Kaffees. Wir suchten uns einen Tisch am Fenster und setzten uns, um zu plaudern. Der **Kaffee** war wie immer köstlich, und es war so schön, sich mit Lily zu unterhalten. Wir sprachen über unsere Woche, unsere Jobs und unsere Pläne für die Zukunft. Es war immer so einfach, mit Lily zu reden, und ich hatte das Gefühl, dass ich ihr alles sagen konnte. Nach einer Weile wurden wir hungrig und **beschlossen,** etwas zu essen zu bestellen.

Παραγγείλαμε το φαγητό μας και βρήκαμε θέση δίπλα στο παράθυρο. Ο ήλιος έμπαινε μέσα από το παράθυρο, κάνοντας τα πάντα να μοιάζουν ζεστά και χαρούμενα. Συζητούσαμε καθώς τρώγαμε το φαγητό μας, απολαμβάνοντας την απλή ευχαρίστηση της **παρέας του** άλλου. Η καφετέρια ήταν γεμάτη, αλλά δεν αισθανόμασταν συνωστισμό. Υπήρχε μια αίσθηση γαλήνης και ικανοποίησης στον αέρα. Καθώς τελειώναμε το φαγητό μας, καθίσαμε για λίγο ακόμα, απολαμβάνοντας την ειρηνική **ατμόσφαιρα**. Μιλήσαμε για λίγο για διάφορα πράγματα που συνέβαιναν στη ζωή μας. Ήταν τόσο ωραίο να τα λέμε με τη φίλη μου και να **χαλαρώνουμε**. Ο ήλιος έλαμπε μέσα από το παράθυρο και ένιωθα ότι **τίποτα δεν** μπορούσε να χαλάσει την τέλεια μέρα μας.

Ξαφνικά, άκουσα έναν δυνατό κρότο. Γύρισα και είδα ότι ένας άνδρας είχε πέσει από το ταβάνι και βρισκόταν στο πάτωμα μπροστά μας. Ήταν **καλυμμένος** με σκόνη και συντρίμμια και φαινόταν να είναι αναίσθητος. Ο φίλος μου και εγώ ήμασταν και οι δύο σε κατάσταση σοκ καθώς κοιτούσαμε τον άνδρα που βρισκόταν στο πάτωμα. Δεν ξέραμε τι να κάνουμε ή ποιον να καλέσουμε για βοήθεια. Απλά καθόμασταν εκεί και τον κοιτούσαμε, χωρίς να ξέρουμε τι να κάνουμε. Μετά από λίγα λεπτά, συνήλθα και κάλεσα το 100. Ο τηλεφωνητής μου είπε ότι κάποιος θα ερχόταν σύντομα.

Wir **bestellten** unser Essen und suchten uns einen Platz am Fenster. Die Sonne schien durch das Fenster herein und verlieh allem eine warme und fröhliche Atmosphäre. Wir unterhielten uns, während wir aßen, und genossen das einfache Vergnügen, in der **Gesellschaft** des anderen zu sein. Das Café war gut besucht, aber es fühlte sich nicht überfüllt an. Es lag ein Gefühl von Frieden und Zufriedenheit in der Luft. Als wir mit dem Essen fertig waren, saßen wir noch eine Weile und genossen die friedliche **Atmosphäre**. Wir unterhielten uns noch eine Weile über verschiedene Dinge, die in unserem Leben passiert waren. Es war so schön, sich mit meiner Freundin auszutauschen und einfach **zu entspannen**. Die Sonne schien durch das Fenster, und wir hatten das Gefühl, dass **nichts** unseren perfekten Tag stören konnte.

Plötzlich hörte ich ein lautes Krachen. Ich drehte mich um und sah, dass ein Mann durch die Decke gefallen war und vor uns auf dem Boden lag. Er war mit Staub und Trümmern **bedeckt** und schien bewusstlos zu sein. Mein Freund und ich standen beide unter Schock und starrten auf den Mann, der auf dem Boden lag. Wir wussten nicht, was wir tun oder wen wir um Hilfe bitten sollten. Wir saßen einfach da und starrten ihn an, ohne zu wissen, was wir tun sollten. Nach ein paar Minuten riss ich mich zusammen und rief 911 an. Die Telefonistin sagte mir, dass bald jemand da sein würde.

Anlama Soruları

1. Από πού προέρχεται ο άνθρωπος που πέφτει από την οροφή;

2. Γιατί βρίσκεται η γυναίκα με τη φίλη της στο καφενείο;

3. Ποιο είναι το αγαπημένο καφέ των δύο φίλων;

4. Πόσο καιρό γνωρίζονται οι δύο φίλοι;

5. Ποιο είναι το αγαπημένο ποτό των δύο φίλων;

6. Σε ποια πόλη ζουν οι δύο φίλοι;

7. Πόσο συχνά συναντιούνται οι δύο φίλοι;

8. Τι συζητούν οι δύο φίλοι όταν συναντιούνται για πρώτη φορά στο αγαπημένο τους καφέ;

9. Ποιο είναι το αγαπημένο φαγητό των δύο φίλων;

10. Γιατί είναι τόσο εύκολο να μιλάς στη Λίλι;

Fragen zum Verständnis

1. Woher kommt der Mann, der durch das Dach fällt?

2. Warum ist die Frau mit ihrer Freundin im Café?

3. Welches ist das Lieblingscafé der beiden Freunde?

4. Wie lange kennen sich die beiden Freunde schon?

5. Was ist das Lieblingsgetränk der beiden Freunde?

6. In welcher Stadt leben die beiden Freunde?

7. Wie oft treffen sich die beiden Freunde?

8. Worüber sprechen die beiden Freunde, als sie sich zum ersten Mal in ihrem Lieblingscafé treffen?

9. Was ist das Lieblingsessen der beiden Freunde?

10. Warum ist es so einfach, mit Lily zu sprechen?

Πηγαίνοντας για κολύμπι

Η πισίνα ήταν πάντα ένα **αναζωογονητικό** μέρος, και σήμερα δεν ήταν διαφορετικό. Ο ήλιος έλαμπε και το νερό φαινόταν φιλόξενο. Πήρα μια βαθιά ανάσα και βούτηξα μέσα, νιώθοντας τη δροσερή αγκαλιά του νερού. Κολύμπησα για λίγο, απολαμβάνοντας την άσκηση και την ευκαιρία να καθαρίσω το μυαλό μου. Μετά από λίγο, βγήκα έξω και στεγνώθηκα, και στη συνέχεια κάθισα σε μια πετσέτα για να χαλαρώσω στον ήλιο. Έκλεισα τα μάτια μου και άφησα τη **ζεστασιά να** με πλημμυρίσει, νιώθοντας τους μυς μου να αρχίζουν να χαλαρώνουν. Ξαφνικά, άκουσα έναν παφλασμό και άνοιξα τα μάτια μου για να δω τη μικρή μου αδελφή **να κωπηλατεί στο** ρηχό μέρος. Χαμογέλασα και την παρακολούθησα για λίγο, μετά σηκώθηκα και πήγα κοντά της. Κουβεντιάσαμε για λίγο και κωπηλατήσαμε μαζί, απολαμβάνοντας ο ένας την παρέα του άλλου. Σύντομα ήρθαν και οι γονείς μας και περάσαμε το υπόλοιπο απόγευμα κολυμπώντας και παίζοντας παιχνίδια μαζί. Ήταν πάντα πολύ ωραίο να περνάμε χρόνο με την οικογένεια στην πισίνα. Υπάρχει **κάτι στο** να είσαι μέσα στο νερό που φαίνεται να φέρνει τους ανθρώπους κοντά. Ίσως επειδή είμαστε όλοι ίσοι όταν είμαστε στο νερό - δεν μπορούμε να κρύψουμε τα ελαττώματά μας ή να προσποιηθούμε ότι είμαστε

Schwimmen gehen

Der Pool war immer ein **erfrischender** Ort, und heute war es nicht anders. Die Sonne schien und das Wasser sah einladend aus. Ich holte tief Luft, tauchte ein und spürte die kühle Umarmung des Wassers. Ich schwamm eine Weile meine Runden, genoss die Bewegung und die Möglichkeit, den Kopf frei zu bekommen. Nach einer Weile stieg ich aus dem Wasser und trocknete mich ab, dann setzte ich mich auf ein Handtuch, um mich in der Sonne zu entspannen. Ich schloss die Augen und ließ die **Wärme** über mich ergehen, während sich meine Muskeln zu entspannen begannen. Plötzlich hörte ich ein Plätschern und öffnete die Augen, um meine kleine Schwester zu sehen, **die** im flachen Wasser herumplanschte. Ich lächelte und sah ihr eine Weile zu, dann stand ich auf und ging zu ihr hinüber. Wir unterhielten uns eine Weile, paddelten zusammen und genossen die Gesellschaft des anderen. Bald gesellten sich unsere Eltern zu uns, und wir verbrachten den Rest des Nachmittags mit Schwimmen und gemeinsamen Spielen. Es war immer schön, Zeit mit der Familie im Schwimmbad zu verbringen. **Der** Aufenthalt im Wasser scheint die Menschen zusammenzubringen. Vielleicht liegt es daran, dass wir alle gleich sind, wenn wir im Wasser

κάτι που δεν είμαστε. Ή ίσως είναι απλά επειδή έχει πλάκα! **Όποιος κι αν είναι** ο λόγος, απλά χάρηκα που μπορέσαμε να βρεθούμε όλοι μαζί και να απολαύσουμε ο ένας την παρέα του άλλου σε ένα τόσο ξεχωριστό μέρος.

Ο ήλιος χτυπούσε το δέρμα μου και η μυρωδιά του χλωρίου βρισκόταν στον αέρα. Άκουγα τους ήχους των παιδιών που γελούσαν και πλατσούριζαν στην πισίνα. Ήμουν ξαπλωμένη σε μια ξαπλώστρα δίπλα στην πισίνα, απολαμβάνοντας τον ήλιο και **απολαμβάνοντας** τη μέρα. Είχα κλείσει τα μάτια μου και ήμουν έτοιμη να πέσω για ύπνο όταν άκουσα κάποιον να με πλησιάζει. Άνοιξα τα μάτια μου και είδα μια γυναίκα να στέκεται δίπλα μου. Φορούσε μπικίνι και είχε τυλίξει μια πετσέτα γύρω από τη μέση της. Είχε μακριά ξανθά μαλλιά και μπλε μάτια. Κρατούσε ένα μπουκάλι **αντηλιακό** στο χέρι της. "Σε πειράζει να βάλω λίγο αντηλιακό στην πλάτη σου;" με ρώτησε. "Όχι, δεν πειράζει", είπα, καθισμένος ώστε να μπορεί να φτάσει στην πλάτη μου. Ένιωσα τα χέρια της στο δέρμα μου καθώς έβαζε το αντηλιακό.

sind - wir können unsere Schwächen nicht verstecken oder vorgeben, etwas zu sein, was wir nicht sind. Oder vielleicht liegt es einfach daran, dass es Spaß macht! **Was auch immer** der Grund ist, ich war einfach froh, dass wir alle zusammenkommen und die Gesellschaft des anderen an einem so besonderen Ort genießen konnten.

Die Sonne brannte auf meine Haut und der Geruch von Chlor lag in der Luft. Ich hörte das Lachen der Kinder, die im Pool planschten. Ich lag auf einem Liegestuhl neben dem Pool, genoss die Sonne und **den** Tag. Ich hatte meine Augen geschlossen und wollte gerade einschlafen, als ich hörte, wie jemand auf mich zukam. Ich öffnete meine Augen und sah eine Frau neben mir stehen. Sie trug einen Bikini und hatte sich ein Handtuch um die Taille geschlungen. Sie hatte langes blondes Haar und blaue Augen. In der Hand hielt sie ein Fläschchen mit **Sonnenschutzmittel**. "Stört es Sie, wenn ich Ihnen den Rücken eincreme?", fragte sie. "Nein, das ist in Ordnung", sagte ich und setzte mich auf, damit sie meinen Rücken erreichen konnte. Ich spürte ihre Hände auf meiner Haut, als sie das Sonnenschutzmittel auftrug.

Anlama Soruları

1. Πού βρισκόταν ο αφηγητής όταν αρχίζει την ιστορία;

2. Τι μυρίζει ο αφηγητής όταν ανοίγει τα μάτια του;

3. Τι ακούει ο αφηγητής όταν ανοίγει τα μάτια του;

4. Ποιανού αντηλιακό δίνει η γυναίκα στον αφηγητή;

5. Τι ονειρεύεται ο αφηγητής;

6. Γιατί το κολύμπι στη θάλασσα είναι τόσο ξεχωριστό για τον αφηγητή;

7.Πώς αισθάνεται το νερό στο οποίο κολυμπάει ο αφηγητής;

8. Τι βλέπει ο αφηγητής όταν βγαίνει από το νερό;

9. Τι κάνει η γυναίκα αφού βάλει το αντηλιακό στον αφηγητή;

Fragen zum Verständnis

1. Wo war der Erzähler, als er die Geschichte begann?

2. Was riecht der Erzähler, wenn er seine Augen öffnet?

3. Was hört der Erzähler, als er seine Augen öffnet?

4. Wem gehört die Sonnencreme, die die Frau dem Erzähler gibt?

5. Wovon träumt der Erzähler?

6. Warum ist das Schwimmen im Meer für den Erzähler so besonders?

7. wie fühlt sich das Wasser an, in dem der Erzähler schwimmt?

8. Was sieht der Erzähler, als er aus dem Wasser kommt?

9. Was tut die Frau, nachdem sie den Erzähler mit Sonnencreme eingecremt hat?

Κούρεμα του γκαζόν

Είναι 10 το πρωί ενός καλοκαιρινού **Σαββάτου** και ο ήλιος ήδη χτυπάει ανελέητα. Βγαίνεις στο γκαράζ για να φέρεις τη μηχανή του γκαζόν, νιώθοντας ότι **καταδικάζεσαι** σε καταναγκαστική εργασία. Ξεκινάς να κουρεύεις το γκαζόν, φροντίζοντας να πηγαίνεις όμορφα και αργά για να μην χάσεις κανένα σημείο. Καθώς κουρεύεις, σκέφτεσαι πόσο ωραία είναι να είσαι έξω στον καθαρό αέρα. Καθώς αρχίζετε να σπρώχνετε το χλοοκοπτικό μπρος-πίσω στο γκαζόν, βλέπετε με την άκρη του **ματιού σας τον** γείτονά σας. Χαιρετάτε τον γείτονα και τον χαιρετάτε και αυτός σας χαιρετάει.

Μετά από λίγα λεπτά, τελειώνετε και πηγαίνετε στο σπίτι του γείτονά σας για να πιείτε μια μπύρα μαζί του στον κήπο. Είναι μια **τέλεια** μέρα - όχι πολύ ζεστή, με ένα απαλό αεράκι να φυσάει. Κάθεστε εκεί στη σκιά του δέντρου, πίνοντας την μπύρα σας και συζητώντας με τον γείτονά σας. Τέτοιες μέρες σε κάνουν να εκτιμάς το καλοκαίρι. Στη συνέχεια **μπαίνετε** μέσα για μια μπύρα που σας αξίζει. Ξαπλώνεις σε μια καρέκλα στη βεράντα και ανοίγεις το κουτάκι, αφήνοντας έναν ικανοποιημένο αναστεναγμό. Ο ήχος του χλοοκοπτικού μηχανήματος περνάει στο παρασκήνιο καθώς χαλαρώνεις στη σκιά, απολαμβάνοντας την **ηρεμία της** στιγμής. Η μπύρα έχει πολύ καλή γεύση μετά από όλη αυτή τη σκληρή δουλειά

Den Rasen mähen

Es ist 10 Uhr morgens an einem **Sommersamstag**, und die Sonne brennt bereits erbarmungslos auf die Erde. Sie stapfen in die Garage, um den Rasenmäher zu holen, und haben das Gefühl, dass Sie zu harter Arbeit **verurteilt werden**. Du fängst an, den Rasen zu mähen, wobei du darauf achtest, dass du schön langsam vorgehst, damit du keine Stelle übersiehst. Während du mähst, denkst du daran, wie gut es sich anfühlt, draußen an der frischen Luft zu sein. Als du den Rasenmäher hin und her schiebst, siehst du aus dem **Augenwinkel** deinen Nachbarn. Sie winken und grüßen, und er winkt zurück.

Nach ein paar Minuten sind Sie fertig und gehen zum Haus Ihres Nachbarn, um mit ihm im Vorgarten ein Bier zu trinken. Es ist ein **perfekter** Tag - nicht zu heiß, und es weht eine leichte Brise. Sie sitzen im Schatten des Baumes, nippen an Ihrem Bier und unterhalten sich mit Ihrem Nachbarn. Es sind Tage wie dieser, an denen man den Sommer zu schätzen weiß. Dann **gehen Sie** ins Haus, um ein wohlverdientes Bier zu trinken. Sie lassen sich in einen Stuhl auf der Veranda fallen, öffnen die Dose und lassen einen zufriedenen Seufzer los. Das Geräusch des Rasenmähers tritt in den Hintergrund, während du dich im Schatten

στη ζέστη. Ήμουν έτοιμος να πάω μέσα, όταν άκουσα έναν θόρυβο δίπλα.

Ακουγόταν σαν κάποιος να έκλαιγε. Σταμάτησα να κουρεύω και πήγα στον φράχτη που χώριζε τις αυλές μας. Κοίταξα και είδα τη γειτόνισσά μου, την κυρία Τζόνσον, να κλαίει στην κούνια της βεράντας της. Της φώναξα, αλλά δεν με άκουσε. Σκαρφάλωσα πάνω από τον φράχτη και την πλησίασα. "Κυρία Τζόνσον, είστε καλά;" ρώτησα. Με κοίταξε με δάκρυα στα μάτια και κούνησε το κεφάλι της. "Όχι, δεν είμαι καλά", είπε. "Η γάτα μου πέθανε χθες". Σοκαρίστηκα. Δεν ήξερα τι να πω. Απλώς στεκόμουν εκεί αμήχανα, χωρίς να ξέρω τι να κάνω. Τελικά, έβαλα το χέρι μου στον **ώμο** της και της είπα: "Λυπάμαι πολύ, κυρία Τζόνσον. Αν υπάρχει κάτι που μπορώ να κάνω για να βοηθήσω, παρακαλώ ενημερώστε με. " Εκείνη κούνησε το κεφάλι της και είπε: "Όχι, δεν υπάρχει **τίποτα** που μπορεί να κάνει κανείς". Μετά σηκώθηκε και μπήκε μέσα στο σπίτι της. Στάθηκα εκεί για μια στιγμή, χωρίς να ξέρω τι να κάνω. Μετά επέστρεψα να κουρέψω το γκαζόν μου. Καθώς τελείωνα, δεν μπορούσα παρά να σκεφτώ την κυρία Τζόνσον και τη γάτα της.

entspannst und die **Ruhe** des Augenblicks genießt. Das Bier schmeckt besonders gut nach all der harten Arbeit in der Hitze. Ich wollte gerade ins Haus gehen, als ich nebenan ein Geräusch hörte.

Es **hörte sich an**, als ob jemand weinen würde. Ich hörte auf zu mähen und ging zu dem Zaun, der unsere Gärten trennte. Ich spähte hinüber und sah meine Nachbarin, Mrs. Johnson, weinend auf ihrer Verandaschaukel. Ich rief nach ihr, aber sie hörte mich nicht. Ich kletterte über den Zaun und ging zu ihr hinüber. "Mrs. Johnson, geht es Ihnen gut?" fragte ich. Sie schaute mich mit Tränen in den Augen an und schüttelte den Kopf. "Nein, mir geht es nicht gut", sagte sie. "Meine Katze ist gestern gestorben." Ich war schockiert. Ich wußte nicht, was ich sagen sollte. Ich stand nur unbeholfen da und wusste nicht, was ich tun sollte. Schließlich legte ich ihr die Hand auf die **Schulter** und sagte: "Es tut mir so leid, Mrs. Johnson. Wenn ich Ihnen irgendwie helfen kann, lassen Sie es mich bitte wissen. "Sie schüttelte den Kopf und sagte: "Nein, es gibt **nichts**, was man tun könnte." Dann stand sie auf und ging in ihr Haus. Ich stand einen Moment lang da und wusste nicht, was ich tun sollte. Dann mähte ich wieder meinen Rasen. Als ich fertig war, musste ich unweigerlich an Frau Johnson und ihre Katze denken.

Anlama Soruları

1. Τι ώρα είναι;

2. Πού βρίσκεται το άτομο που κουρεύει;

3. Πώς αισθάνεται το άτομο;

4. Γιατί το άτομο πρέπει να κουρεύει αργά;

5. Τι καιρό έχουμε;

6. Τι κάνει το άτομο μετά το κούρεμα;

7. Τι ακούει το άτομο πριν πάει στο σπίτι του;

8. Ποιος είναι με την κα Τζόνσον;

9. Γιατί κλαίει η κυρία Τζόνσον;

10. Τι λέει το άτομο στην κυρία Τζόνσον;

Fragen zum Verständnis

1. Wie spät ist es?

2. Wo mäht die Person?

3. Wie fühlt sich die Person?

4. Warum muss die Person langsam mähen?

5. Was für ein Wetter ist es?

6. Was macht die Person nach dem Mähen?

7. Was hört die Person, bevor sie nach Hause geht?

8. Wer ist bei Mrs. Johnson?

9. Warum weint Mrs. Johnson?

10. Was sagt die Person zu Frau Johnson?

Κούρεμα

Ήθελα να κουρευτώ εδώ και εβδομάδες, αλλά πάντα κατάφερνα να το αναβάλλω. Αλλά με τα **Χριστούγεννα να είναι προ των πυλών**, ήξερα ότι δεν μπορούσα να το αναβάλλω άλλο. Δεν ήθελα να εμφανιστώ στο χριστουγεννιάτικο δείπνο της οικογένειάς μου σαν ένα ατημέλητο χάλι. Έτσι, νωρίς το πρωί των Χριστουγέννων, πήγα στο κομμωτήριο. Παρόλο που ήταν νωρίς, το κομμωτήριο ήταν ήδη απασχολημένο με άλλους ανθρώπους **που** έφτιαχναν τα μαλλιά τους για τις γιορτές. Πήρα τη θέση μου στην ουρά και περίμενα τη σειρά μου. Τελικά, ήρθε η σειρά μου στην καρέκλα. Η στιλίστρια, μια φιλική γυναίκα ονόματι Jill, με ρώτησε τι ήθελα. "Απλά ένα κούρεμα, τίποτα δραστικό", απάντησα. Η Τζιλ έπιασε δουλειά, κόβοντας τα μαλλιά μου. Καθώς δούλευε, άρχισα να χαλαρώνω. Ένιωθα ωραία που επιτέλους φρόντιζα τον εαυτό μου. Ήμουν τόσο απασχολημένη τον τελευταίο καιρό, τρέχοντας να φροντίζω όλους τους άλλους, που είχα αφήσει τις δικές μου ανάγκες να περάσουν στο περιθώριο. Αλλά όχι **πια**. Από τώρα και στο εξής, θα έβρισκα χρόνο για τον εαυτό μου.

Zum Haareschneiden gehen

Ich wollte mir schon seit Wochen die Haare schneiden lassen, aber irgendwie habe ich es immer wieder aufgeschoben. Aber da **Weihnachten vor der** Tür stand, wusste ich, dass ich es nicht länger aufschieben konnte. Ich wollte beim Weihnachtsessen meiner Familie nicht wie ein schmuddeliges Häufchen Elend dastehen. Also machte ich mich am frühen Weihnachtsmorgen auf den Weg zum Friseur. Obwohl es noch früh war, war der Salon schon voll mit anderen Leuten, **die sich** für die Feiertage die Haare machen ließen. Ich nahm meinen Platz in der Schlange ein und wartete, bis ich an der Reihe war. Endlich war ich mit dem Stuhl dran. Die Friseurin, eine freundliche Frau namens Jill, fragte mich, was ich wollte. "Nur einen Trimmschnitt, nichts allzu Drastisches", antwortete ich. Jill machte sich an die Arbeit und schnippelte an meinem Haar herum. Während sie arbeitete, begann ich mich zu entspannen. Es war ein gutes Gefühl, mich endlich um mich selbst zu kümmern. In letzter Zeit war ich so sehr damit beschäftigt gewesen, mich um alle anderen zu kümmern, dass ich meine eigenen Bedürfnisse vernachlässigt hatte. Aber das war **vorbei**.

Όταν η Τζιλ τελείωσε, κοίταξα στον καθρέφτη και έμεινα ευχαριστημένη με αυτό που είδα. Τα μαλλιά μου έδειχναν τακτοποιημένα και γυαλισμένα - τέλεια για τις γιορτινές συγκεντρώσεις. **Ευχαρίστησα** την Τζιλ και σημείωσα στο **μυαλό μου** να έρχομαι πιο συχνά. Από τώρα και στο εξής, θα φροντίζω πρώτα απ' όλα τον εαυτό μου. Έπιασε δουλειά κόβοντας τα μαλλιά μου. Σκέφτηκα πόσο ευγνώμων ήμουν που επιτέλους είχα καταφέρει να κουρευτώ. Ένιωθα καλά που ήξερα ότι θα ήμουν ευπαρουσίαστη για το χριστουγεννιάτικο **δείπνο**. Δεν θα χρειαζόταν πλέον να ανησυχώ για την οικογένειά μου που θα με πείραζε για την "ατημέλητη" εμφάνισή μου. Μετά από λίγα λεπτά, ο κομμωτής τελείωσε με το κούρεμα των μαλλιών μου και μου έκανε ένα γρήγορο πιστολάκι. Κοίταξα στον καθρέφτη και ήμουν ευχαριστημένη με αυτό που έβλεπα - μια καθαρή εμφάνιση που θα ήταν τέλεια για το χριστουγεννιάτικο δείπνο. Τώρα που το κούρεμά μου είχε τελειώσει, μπορούσα να επικεντρωθώ στο να απολαύσω τις γιορτές με την οικογένειά μου. Και ήμουν ακόμα πιο ευγνώμων γι' αυτό.

Von nun an wollte ich mir Zeit für mich nehmen.

Als Jill fertig war, schaute ich in den Spiegel und war mit dem, was ich sah, zufrieden. Mein Haar sah ordentlich und glänzend aus - perfekt für Festtagsfeiern. Ich **bedankte mich bei** Jill und nahm **mir vor, öfter wiederzukommen**. Von nun an werde ich mich in erster Linie um mich selbst kümmern. Sie machte sich an die Arbeit und schnippelte an meinem Haar herum. Ich dachte darüber nach, wie dankbar ich war, dass ich endlich dazu gekommen war, mir die Haare schneiden zu lassen. Es war ein gutes Gefühl zu wissen, dass ich zum **Weihnachtsessen** vorzeigbar aussehen würde. Ich würde mir keine Sorgen mehr machen müssen, dass meine Familie mich wegen meines "ungepflegten" Aussehens hänseln würde. Nach ein paar Minuten war der Friseur mit dem Schneiden meiner Haare fertig und föhnte sie kurz. Ich schaute in den Spiegel und war zufrieden mit dem, was ich sah - ein gepflegtes Aussehen, das perfekt für das Weihnachtsessen sein würde. Jetzt, da der Haarschnitt erledigt war, konnte ich mich darauf konzentrieren, die Feiertage mit meiner Familie zu genießen. Und dafür war ich umso dankbarer.

Anlama Soruları

1. Τι έπρεπε να κάνει ο πρωταγωνιστής πριν από τα Χριστούγεννα;

2. Πώς ένιωθε η πρωταγωνίστρια για τη φροντίδα του εαυτού της;

3. Ποιος κούρευε τα μαλλιά του πρωταγωνιστή;

4. Γιατί η οικογένεια της πρωταγωνίστριας θα την πείραζε;

5. Πώς αισθάνθηκε η πρωταγωνίστρια μετά το κούρεμά της;

6. Τι έκανε η πρωταγωνίστρια αφού κουρεύτηκε;

7. Ποια ήταν η αντίδραση της οικογένειας της πρωταγωνίστριας στο κούρεμά της;

8. Τι έκανε ο πρωταγωνιστής την παραμονή των Χριστουγέννων;

Fragen zum Verständnis

1. Was musste der Protagonist vor Weihnachten tun?

2. Wie hat sich die Protagonistin gefühlt, als sie für sich selbst sorgte?

3. Wer hat dem Protagonisten die Haare gestutzt?

4. Warum wollte die Familie der Protagonistin sie hänseln?

5. Wie hat sich die Protagonistin gefühlt, nachdem sie ihren Haarschnitt bekommen hat?

6. Was hat die Protagonistin getan, nachdem sie sich die Haare schneiden ließ?

7. Wie hat die Familie der Protagonistin auf ihren Haarschnitt reagiert?

8. Was hat der Protagonist an Heiligabend gemacht?

Το πάρκο

Ο ήλιος έδυε και το πάρκο ήταν άδειο. Κάθισα στο παγκάκι, περιμένοντας τον **φίλο μου**. Είχαμε κανονίσει να συναντηθούμε εδώ πριν από μια ώρα, αλλά πάντα αργούσε. Εκεί που ήμουν έτοιμος να τα παρατήσω και να πάω σπίτι, την είδα να τρέχει προς το μέρος μου. "Λυπάμαι πολύ", ασθμαίνοντας έφτασε στον πάγκο. "Το τρένο μου **καθυστέρησε**".

"Δεν πειράζει", είπα **με συγχώρεση**. "Μόλις έφτασα εδώ".

Καθίσαμε και συζητήσαμε για λίγο, ενημερώνοντας ο ένας τη ζωή του άλλου από την τελευταία φορά που συναντηθήκαμε. Η συζήτηση κύλησε **εύκολα** και ήταν σαν να μην είχε περάσει καθόλου χρόνος από την τελευταία φορά που ειδωθήκαμε. Καθώς έδυε ο ήλιος, αποχαιρετιστήκαμε και πήραμε τους δρόμους μας. Την επόμενη φορά που συναντηθήκαμε, ήταν σε ένα διαφορετικό πάρκο. Και πάλι, είχε αργήσει, αλλά δεν με πείραξε. Ήταν ωραίο να έχω κάποιον να μιλήσω που με **καταλάβαινε**. Μιλήσαμε για τα όνειρα και τις **φιλοδοξίες** μας, για πράγματα που θέλαμε να κάνουμε στη ζωή μας. Εκείνη μου είπε για τα σχέδιά της να ταξιδέψει στον κόσμο και εγώ μοιράστηκα το όνειρό μου να γίνω συγγραφέας. Καθώς ο ήλιος έδυε σε μια άλλη μέρα, αποχαιρετιστήκαμε για άλλη μια φορά, υποσχόμενοι να κρατήσουμε επαφή αυτή τη φορά.

Im Park

Die Sonne ging gerade unter, und der Park war leer. Ich
saß auf der Bank und wartete auf meine **Freundin**. Wir
hatten uns vor einer Stunde hier verabredet, aber sie
kam immer zu spät. Gerade als ich aufgeben und nach
Hause gehen wollte, sah ich sie auf mich zulaufen.
"Es tut mir so leid", keuchte sie, als sie die Bank
erreichte. "Mein Zug **hatte Verspätung**."
"Ist schon gut", sagte ich **verzeihend**. "Ich bin auch
gerade erst gekommen."
Wir setzten uns hin und unterhielten uns eine Weile,
wobei wir uns über das Leben des jeweils anderen
unterhielten, seit wir uns das letzte Mal gesehen hatten.
Die Unterhaltung verlief **mühelos**, und es kam uns
vor, als sei seit unserer letzten Begegnung überhaupt
keine Zeit vergangen. Als die Sonne unterging,
verabschiedeten wir uns und gingen unsere eigenen
Wege. Das nächste Mal, als wir uns trafen, war es in
einem anderen Park. Wieder war sie spät dran, aber
das machte mir nichts aus. Es war schön, jemanden
zum Reden zu haben, der mich **verstand**. Wir sprachen
über unsere Träume und **Hoffnungen**, über die Dinge,
die wir in unserem Leben tun wollten. Sie erzählte
mir von ihren Plänen, die Welt zu bereisen, und ich
erzählte von meinem Traum, Schriftstellerin zu werden.
Als die Sonne an einem anderen Tag unterging,

Τα χρόνια πέρασαν και η **φιλία** μας παρέμεινε ισχυρή, παρόλο που ζούσαμε πλέον σε διαφορετικά μέρη της χώρας. Κρατούσαμε επαφή μέσω επιστολών και περιστασιακών τηλεφωνημάτων, μοιραζόμενοι ο ένας με τον άλλον τα νέα της ζωής μας. Όταν ανακοίνωσε ότι παντρεύεται, δεν **εξεπλάγην** - ήταν πάντα **περιπετειώδης** τύπος. Αλλά όταν με ρώτησε αν θα ήμουν κουμπάρα της στη γαμήλια τελετή της που θα γινόταν στην άλλη άκρη του κόσμου από εκεί που ζούσα... χρειάστηκε να την πείσω! Στο τέλος όμως δεν μπορούσα να αφήσω την καλύτερή μου φίλη να παντρευτεί χωρίς εμένα στο πλευρό της, οπότε παρά τους φόβους μου (και μετά από πολλές παρακλήσεις της!) **συμφώνησα** να πάω μαζί της σε αυτό που αποδείχθηκε η **περιπέτεια** της ζωής μου.

Η ημέρα του **γάμου** έφτασε επιτέλους. Είχα άγχος, αλλά και ενθουσιασμό που θα συμμετείχα σε μια τόσο σημαντική στιγμή στη ζωή της φίλης μου. Η τελετή ήταν πανέμορφη και εκείνη έδειχνε ευτυχισμένη καθώς έλεγε τους όρκους της. **Στη συνέχεια**, γιορτάσαμε με ένα μεγάλο πάρτι - φαινόταν ότι όλοι όσοι γνώριζε είχαν έρθει να γιορτάσουν μαζί της!

verabschiedeten wir uns noch einmal und versprachen, diesmal in Kontakt zu bleiben.

Die Jahre vergingen, und unsere **Freundschaft** blieb bestehen, obwohl wir jetzt in verschiedenen Teilen des Landes lebten. Wir hielten den Kontakt durch Briefe und gelegentliche Telefonate aufrecht und teilten uns gegenseitig die Neuigkeiten aus unserem Leben mit. Als sie ankündigte, dass sie heiraten würde, war ich nicht **überrascht** - sie war schon immer der **abenteuerlustige** Typ gewesen. Aber als sie mich fragte, ob ich ihre Trauzeugin bei ihrer Hochzeitsfeier sein würde, die am anderen Ende der Welt stattfand, musste ich sie erst einmal überzeugen! Letztendlich konnte ich jedoch nicht zulassen, dass meine beste Freundin ohne mich an ihrer Seite heiratet, und so **stimmte** ich trotz meiner Befürchtungen (und nach langem Bitten ihrerseits!) zu, das **Abenteuer** meines Lebens mitzumachen.

Endlich war der Tag der **Hochzeit** gekommen. Ich war nervös, aber auch aufgeregt, bei einem so wichtigen Moment im Leben meiner Freundin dabei zu sein. Die Zeremonie war wunderschön, und sie sah glücklich aus, als sie ihr Gelübde ablegte. **Danach** feierten wir mit einer großen Party - es schien, als ob jeder, den sie kannte, gekommen war, um mit ihr zu feiern!

Anlama Soruları

1. Πού συναντήθηκαν για πρώτη φορά η συγγραφέας και η φίλη της;

2. Γιατί ο φίλος του συγγραφέα άργησε στη συνάντησή τους;

3. Για τι μίλησαν οι φίλοι όταν συναντήθηκαν ξανά μετά από χρόνια;

4. Πώς αισθάνθηκε η συγγραφέας όταν παρακολούθησε τη γαμήλια τελετή της φίλης της;

5. Περιγράψτε το σκηνικό της γαμήλιας τελετής.

6. Πώς άλλαξε η φιλία μεταξύ των δύο γυναικών με την πάροδο του χρόνου;

7. Ποιο είναι το όνειρο του συγγραφέα;

8. Πού σκοπεύει να ταξιδέψει ο φίλος του συγγραφέα;

Fragen zum Verständnis

1. Wo haben sich die Autorin und ihr Freund zum ersten Mal getroffen?

2. Warum kam der Freund des Autors zu spät zu ihrem Treffen?

3. Worüber sprachen die Freunde, als sie sich Jahre später wieder trafen?

4. Wie hat sich die Autorin gefühlt, als sie an der Hochzeit ihrer Freundin teilnahm?

5. Beschreiben Sie den Rahmen der Hochzeitszeremonie.

6. Wie hat sich die Freundschaft zwischen den beiden Frauen im Laufe der Zeit verändert?

7. Was ist der Traum des Autors?

8. Wohin plant der Freund des Autors zu reisen?